Basic Life 4

自分らしく暮らす豊かさを——

「私の部屋」が伝えてきたこと

小澤典代

はじめに

いい歳をしてお恥ずかしいのですが、いまだ自分が大人になれたという自信や自覚が持てないでいます。何か問題に直面したとき、ゆらゆらと惑ってしまう。答えを導き出すために、ずいぶんと遠回りした考え方をしてしまうこともしばしばで、「四十にして惑わず」なんて言葉からは、ほど遠いところにいる気がしています。

では、大人とはどういうものなのでしょう。これはあくまでも私の考えですが、まず独自の揺るぎないポリシーがあり、それを貫くことが出来る強い意志を持っていて、また、そのことに対する努力が遺憾なく出来、そして周囲への気配りや感謝を忘れない、というものです。けれど、自分も含めまわりを見渡してみても、そういう立派な大人が、実は少ないことに気が付くのです。これは困ったこと。今の日本には大人が不足している。そう考えたら、本当の大人を探して、その人の話に耳を傾けることが、とても重要に思えてきました。

「灯台もと暗し」とはよく言ったもので、今までずっとお世話になっていながら、その大人としての存在を忘れていた人物がいました。「私の部屋リビング」を創業した前川嘉男氏がその人です。氏が「私の部屋」という世界に込めたポリシーは、人々への無言のメッセージだと感じます。より良く暮らすための、大人としての確固たる考えを、ショップに置き換えて提案し続けてきました。

この本は、その前川氏が作った「私の部屋」そのものをテーマにしたものです。それは、氏が信じる〝正しさ〟や〝美しさ〟を少しでも理解出来たら、との思いからはじまりました。

（株）私の部屋リビング創業者・前川嘉男氏。
2006 年 1 月、「私の部屋」自由が丘店にて。

本文中の“私の部屋”の表記について
雑誌を示す場合は『私の部屋』、ショップを示す場合は「私の部屋」としています。

もくじ

第1章

「私の部屋」と前川嘉男

ライフスタイルショップ「私の部屋」の創業者であり、雑誌『私の部屋』の創刊にもたずさわった前川嘉男氏。今まで表立って登場することがなかった氏に接することは、「私の部屋」が有するひとつの世界観をあらためて認識することにつながります。そしてそれは、私たちが直面している〝豊かな暮らしとモノの価値〟のバランスをどう考えるか、という問題にも直結します。雑誌を作ることで、ショップとしてのポリシーをまっとうすることで、そしてさらには文学者として、多様な角度から世の中を分析し、正しいと思うことを発信し続ける前川氏。その仕事と言葉、そしてライフスタイルから、今を生きる知恵を読み取りたいと思います。

私の部屋

その時代を映してきた『私の部屋』表紙ギャラリー

ひとり暮らしの女の子のライフスタイルを提案する雑誌として、『私の部屋』は一九七二年に創刊されました。やがて時代と共に、読者の成長に合わせるように、内容もミセス向けへと移り変わっていきます。その時々の流行を敏感に捉えながらも、けっして〝らしさ〟を忘れない。そのことは表紙からも伝わってきます。

MY ROOM
私の部屋
春の号
90
インテリア立体アドバイス
ドールハウスにたくす夢
食卓提案
庭で見つけた春を
アップリケ
インテリアと手づくりのライフマガジン

SEIKATSU NO EHON
私の部屋
No.39 JUN.
夏の号

SEIKATSU NO EHON
私の部屋
OCT.
秋の号

FASHION LIVING
私の部屋
No.24 APR. 春の号

FASHION LIVING
私の部屋
ピーターラビット物語
No.19 夏の号
特集 夏への衣替え
作る・働く
WEEK END
JUNE

MY ROOM
私の部屋
夏の号
91
インテリアと手づくりのライフマガジン

SEIKATSU NO EHON
私の部屋
夏休みのD・I・Y
No.62 1982 AUG.SEP.

SEIKATSU NO EHON
私の部屋
No.35 FEB.
早春号

FASHION LIVING
私の部屋
夏休み号

FASHION LIVING
私の部屋
特集 わが家の工夫インテリア
No.20 夏休み号 AUG.

MY ROOM
私の部屋
100 記念号

MY ROOM
私の部屋
冬の号
88
WINTER SPECIAL 森のクリスマス
インテリアと手づくりのライフマガジン
主婦の家づくり体験

SEIKATSU NO EHON
私の部屋
No.36 APR.
春の号

SEIKATSU NO EHON
私の部屋
No.34 DEC.
冬の号
(特集)ふたりで作る夢空間

FASHION LIVING
私の部屋
価値ある小さな空間
特集 秋から冬への部屋づくり
秋の号

私の部屋
101

MY ROOM
私の部屋

SEIKATSU NO EHON
私の部屋
No.37 JUN.
夏の号

FASHION LIVING
私の部屋
(特集) 狭いながらもわが家の工夫
No.30 APR.春の号

FASHION LIVING
私の部屋
No.28 DEC.

MY ROOM
私の部屋
Interior Handmade
111

MY ROOM
私の部屋
冬の号
94
花と森の時間
インテリアと手づくりのライフマガジン

SEIKATSU NO EHON
私の部屋
No.42 APR.
春の号

FASHION LIVING
私の部屋
No.32 AUG. 夏休み号
ちえのあるくらし

FASHION LIVING
私の部屋
《特集》春の部屋づくり計画・人形の季節
No.23 FEB. 早春号

雑誌『私の部屋』ストーリー
創刊までのいきさつと、雑誌に込めた思い

いつの時代も変わらない、普遍的な人々の暮らしから
そこにある、大切な真実を見つめ続けることを基本に
生きること、夢見ることをテーマに掲げた雑誌がありました。

ハイピッチの消費
ともなう虚無感
正しい価値観を探し求めて

ライフスタイルショップ「私の部屋」は、創業から今年で三十四年を迎えます。このショップの誕生については、今はなき雑誌『私の部屋』の存在なくして語ることは出来ません。魅力にあふれた雑誌のあり方を、創刊当時のスタッフであった前川嘉男氏（私の部屋リビング前会長）の言葉から紡ぎだし、創刊にいたるまでのいきさつや、雑誌に込めた思い、そしてその時代の背景などを振り返ってみることにします。でも、このストーリーは、ノスタルジーに浸るためのものではありません。雑誌というメディアを使い、真摯に〝暮らすこと〟、〝生きること〟を考えていた先達の軌跡から、今をより良く生きるための〝何か〟を見つけ出すためのものです。

一九七二年、雑誌『服装』の増刊号として『私の部屋』が婦人生活社から創刊されました。六十年代から続いた高度経済成長のなごりから、当時の日本は浮き足立った消費が繰り返され、人々は新しいモノへ、そしてさらに新しいモノへと購買欲を募らせるという、一種の熱病におかされたような空気のなかにいました。そんな時代です。当時の既存のファッション誌も、次から次へと新しい流行を作り上げ、格好良さやおしゃれというものを月替わりで提案し、女性たちを先導していました。もちろん『服装』も、少なからずその傾向にあったようです。ファッション産業という言葉が生まれたのもこの時代です。

前川氏も当時、このファッションに深い関わりを持っていました。新潟で生地から既製服までを扱う大型の洋品店を営む一方、フランス語が得意だったことがきっかけで、フランスのモード誌の日本語訳などにたずさわっていました。それは『服装』という日本でも屈指のファッション誌での仕事でした。しかし前川氏自身は、この頃すでにファッションという仕事に嫌気がさしていたと言います。

「商店も雑誌も先月作ったものを、もう今月は古い、ダメだと言っている。そんな商売が嫌になっていたんだ。大の大人がこんなことしていていいのか。それにこんな浮かれた消費が続くような時代は、もうすぐ終わると思っていた」。

同じ考えのもと 価値観を分かち合える 素晴らしい仲間との出会い

前川氏と同じような考えを持った人が『服装』の編集部にもいたのです。それが後に『私の部屋』の社長と編集長を務めることになる、木村寛氏と平沢啓子氏でした。彼らは『服装』の編集部で仕事をするうちに自然と打ち解けあい、何でも三人で相談する間柄になっていたのです。話し合う内容は、雑誌というもののあり方についてで、さまざまな観点から、雑誌としての今後を真剣に議論しました。そして彼らは、〝まったく新しい雑誌を作ろう〟という構想のもとに結束することになるのです。それが新雑誌『私の部屋』の船出でした。

当時の日本の現状に疑問を抱いていた三人は、とにかくこんな、ハイピッチでバカバカしいモノ作りを否定しよう、という結論にいたります。そして儲けだけ

素敵な暮らしを夢見る女性たちに支持された、雑誌『私の部屋』。おしゃれでポップな誌面は今見ても新鮮。

を最優先し、消費することだけを誘導する雑誌作りも止めよう、と誓ったのです。お手本にしたのはヨーロッパ（特にフランス）の雑誌。そこには、とうとうと流れる時間を基本に置き、一貫した視点でファッションやライフスタイルを見つめる、というしっかりとした価値観が存在していました。彼らはそれを基本に定め、戦後失ってしまった、私たち日本人が持つ特有の季節や感覚や文化をもう一度見直すことも欠かせないコンテンツであるとしたのです。つまりは、人々の心が本当に求めるものを提案すること。そんな考えをまとめ上げ、新雑誌の構想がスタートしました。

彼らをつなぐ基盤の存在 『それいゆ』『ひまわり』 その確かな世界を踏襲する

同じ考えを持つ者同士が、ひとつの場所で運命的に出会った。それは、とても幸運だったと言えます。ただ、日本の雑誌の歴史において、過去にも三人の考えに近い存在の雑誌がありました。それは『それいゆ』と『ひまわり』です。そして奇しくも、何らかの形で三人とも『それいゆ』に関わった経験があったのです。中原淳一というカリスマが作り出す、乙女の世界。そこから読み取れるのは、本当のおしゃれさや生活の楽しみ。それらは時代を経ても色あせることのないもので、今見てもその魅力は何ら変わることがありません。そんな雑誌作りを目の当たりにしてきた三人だったからこそ、たとえ無意識であったとしても、雑誌という存在のあり方に対して影響を受けたのは事実なのではないかと思われます。

『私の部屋』というタイトルも、中原淳一氏が晩年に作った『おんなの部屋』という雑誌に、影響を受けています。残念ながら『おんなの部屋』はあまり売れず、存続出来なかったのですが……。三人が新雑誌のタイトルに選んだ『私の部屋』は、その『おんなの部屋』に対する、つまり中原淳一へのオマージュだったことがうかがえます。当の中原氏も、この新雑誌の話を木村氏から聞いて、とても喜んだそうです。

実際に、『私の部屋』というタイトルを思い付いたのは前川氏でした。氏が大学時代のアルバイトで構成作家をしていたラジオ番組が、〝私の部屋〟だったのです。内容は、番組のホストである部屋の主人のところへ、毎回違うゲストが訪ねてきて、雑談のなかから音楽の話になり、その曲のレコードをかける、というものでした。

番組は短期で終わってしまったけれど、このタイトルに感銘するものが三人にはありました。〝私〟という言葉のなかに、〝個〟を感じさせたいと考えたからです。民主主義を前提とした〝個の確立〟というものを『私の部屋』で提案していきたい、それが雑誌の基本理念でした。それぞれの個性に合った暮らし方やファッションを、それぞれがきちんと考え、表現する。その個の確立こそが重要と考え、それを若い人たちに、一番わかりやすく伝えることを『私の部屋』という雑誌の使命にしたのです。

選りすぐられたスタッフ そのあふれる才能によって 雑誌は輝きを手にした

『私の部屋』は創刊号からスタッフには『それいゆ』や『ひまわり』でも活躍していた内藤ルネ氏や水野正夫氏などに参加してもらい、創刊号から手作りのアイデアにあふれたモノを提案しています。それは、それまでの雑誌では見たことのない、斬新でワクワクする魅力でいっぱいでした。特にルネ氏の作る家具や小物はいつも大好評で、彼の作品を真似て手作りする読者がたくさんいたほどです。そして文章を書く人も、イラストや写真を提供する人も、誌面に登場する人たちはみんなキラキラした印象を与える人たちばかり。それぞれが情熱を持って作っているという一生懸命さが伝わる内容で、今見ても新鮮で、驚きの発見があります。当然のことながら『私の部屋』は、大変な人気を獲得していきます。ある老舗の大型書店では、店頭に並べて三時間で売り切れた、という逸話が残っているほど。それは、誰もが待ち望んでいた雑誌の登場だったことを表していました。

そして、今また私たちは〝暮らし〟というものの基本を見つめなければならない時期に来ていると感じます。お金の価値と本物の幸福感、そのバランスが崩れかけている現在、雑誌『私の部屋』が伝えようとしていたことをもう一度振り返ってみる必要があります。夢を持つこと、それを実現していくプロセスにこそ幸せがあり、それらは、自らの想像力と手によって生み出されるもので、お金はそのサポートに過ぎない、という真実。その教えを実感することが、結局は上質な暮らしにつながり、そして、それを広く伝えていくために、脈々と受け継がれてきたポリシーを守った先輩たちの苦労に報いることになるのだと思うのです。

より良く生きるためのヒント
前川嘉男氏の言葉から

ここに取り上げた言葉は、前川嘉男氏（私の部屋リビング前会長）が語ったもの。インタビューの席や仕事の会議中に、わかりやすく自らの考えを伝えるために発せられたキーワードの数々です。これらの言葉は、「私の部屋」というひとつの世界を作り上げた人の考え方を読み取る資料であり、より良く生きようとしてきた人生の先輩からの、私たちへのメッセージでもあります。前川氏の思いがつまった『私の部屋』の当時の誌面と共に、振り返ってみようと思います。

戦争が終わったときに、日本人は多くのものを捨てた。
確かに捨てたほうが良かった、というようなクダラナイものもあったかもしれません。
でも捨ててはいけないものも一緒に捨ててしまった。
それを拾い集めて、今の若い人に手渡すことが出来るのは、僕らの世代だけではないか、
それをやりたい、と思ったわけです。

（雑誌『私の部屋』の創刊に対しての思い）

一番カジュアルな、一番若向きの、一番わかりやすいプレゼンテーションをしましょう。

（雑誌『私の部屋』の表現方法について）

『私の部屋』No.2（1972年）より

今月の日曜工作はちょっと大モノです。海辺で過ごす休暇のために、ぜひとも欲しかった折りたたみの安楽椅子を彼にたのんでおいたらこんな大作に仕上げてくれました。

座り心地はどうか？ですって、もちろんバツグンです。

やせっぽちの私なのにこんな絵を描くなんて、彼のイジワル度もなかなか…。おかげで今年の海は、心やさしく力持ち（?・）の彼と一緒に過ごすことになりました。

あなたもあなたの〈彼〉に頼んでみてはいかが？作る時のヒントは80頁にありますので、どうぞご参考に。

PHOTO TSUYOSHI SAITO

13

日本人には何でも出来る、という雰囲気が街にあった。

それに行きづまったとき、人々はどうしようと考えるだろう、

そのときに人々が求める雑誌を先回りして創ろう。というのが最初の考えでした。

（雑誌『私の部屋』創刊のいきさつについて）

僕たちとしては、やりたいことはやろうじゃないか。というのが正直な気持ちで、
それがどんな評価を受けるかというのは別の問題でした。
（ページの構成と読者の反応について）

『私の部屋』No.4（1972年）より

個の確立のために一番やさしい手段は何か、ということを考えなくてはならない。

自分の家の自分の場所に、人が少しでも長くいるような手立てを考えましょう。

それには自分との対話というものが自然に必要になってくる。それが個の確立の最初の段階である。

（個の確立について）


『私の部屋』No.18（1975年）より

民主主義というものが社会制度として円滑に動くためには、「個の確立」がなければ上手くいくわけがない。

日本人に個の確立というものがあるのか、というと非常に不十分にしかない。

個の確立は、不景気になったときに人々が考えることだ。

民主主義が上手く作動しなくなったら、単純に衆愚の政治制度になってしまう。

（雑誌『私の部屋』のテーマについて）

伝えたい日本の美しいもの

手拭《てぬぐい》

水野正夫

『私の部屋』No.14（1974年）より

『私の部屋』No.27（1976年）より

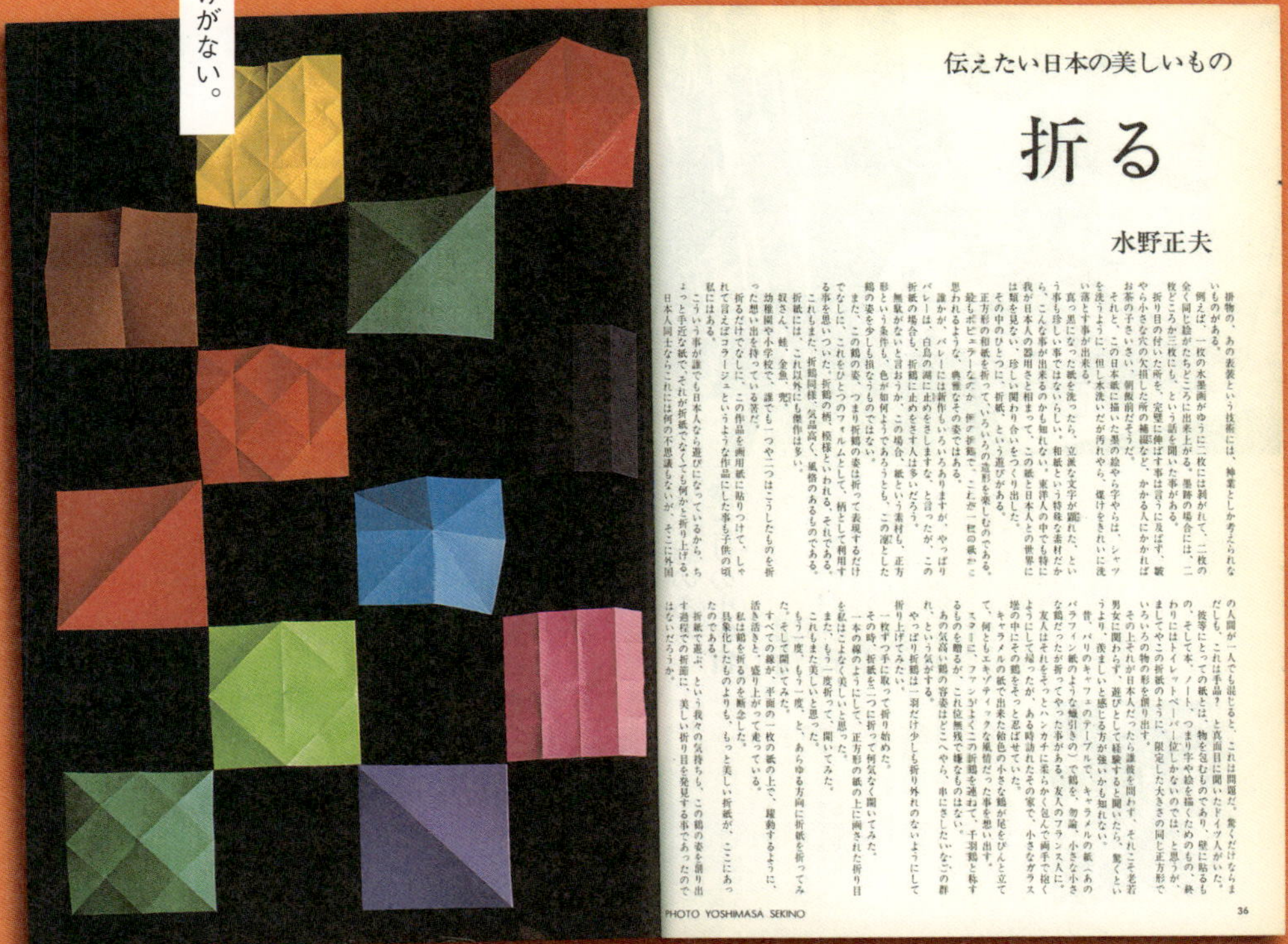

伝えたい日本の美しいもの

折る

水野正夫

お部屋はいけん

階のコーナーの居間にもたくさんの時計のコレクションが…。

日本人が失ったものを『私の部屋』という雑誌のなかでは、心の問題として表現は出来ないので、

モノとしてやる以外に方法はないわけです。

例えば風呂敷などのモノに置き換えて訴えるしかない。

（戦後、日本人がなくした良いものを、どう表現したか）

日本には恥の文化というものがあった。
恥ずかしいと思うことはやらないようにしましょう、ということ。
結局どんどん失われ、何が恥ずかしいことなのか、それ自体が薄れてきている。

（日本人が失った精神性について）

石黒敬章

我が家は三年程前に建てたのですが、その時の難題は家相でした。母が占いに凝っていて、トイレの方向はどこだとか、玄関はどう、寝室はどうとかと注文をつけるのです。それではとてもプレハブ建築では不可能で、イトコは建築家であることを良いことに無料で設計を担当させられ、設計図が出来上がると母は占いの先生のところにそれを見せにいくのです。ところが、ほうぼう手直しされてもどってきた設計図は設計の意図とは全くかけはなれたものになってしまうのでした。デザイン、機能、構造などを主体にした設計図は家相学とはなかなか一致しないのです。イトコはいつまでもこんな家にかかわりあってはいられないとばかりに、占い用の決定的建築構造を考えだしました。家の中央に12角形のドームを作り、そこを居間としてその囲りに占いの先生に言われたとおりに、玄関、寝室、トイレ、台所などを配置 いくというのです。占いの先生も今度は注文が この変テコな家が建ってしまったのです。

ドームのような吹き抜けの天井

扉は階下への階段口

O ANDO

77

成り下がりの美学というのは、一度ピカピカに磨き上げる、それは必要だけれど、
しかし、人に見せるときにはそれを汚さなくてはいけない、ということ。
ピカピカしたものを外に見せるのは恥ずかしいことだ、そういう精神が日本にはあった。

（失われた日本の良いものについて）

人とモノとのコミュニケーションを力強く復活させるのが、〝ファミリーブティック「私の部屋」〟です。

人とモノとの間に心が通いあい、モノが準家族のようになり、思い出や物語を持ち主と共に有するように。

昔はあったのです。モノが媒体となって家の歴史が生き続ける素晴らしい伝統が。

だから月日を重ねても持ち主に馴染まないモノは、どんなに立派で美しくても悪いモノだと考えます。

（〝ファミリーブティック「私の部屋」〟にとってのモノについて）

『私の部屋』No.30（1977年）より

『私の部屋』No.26（1976年）より
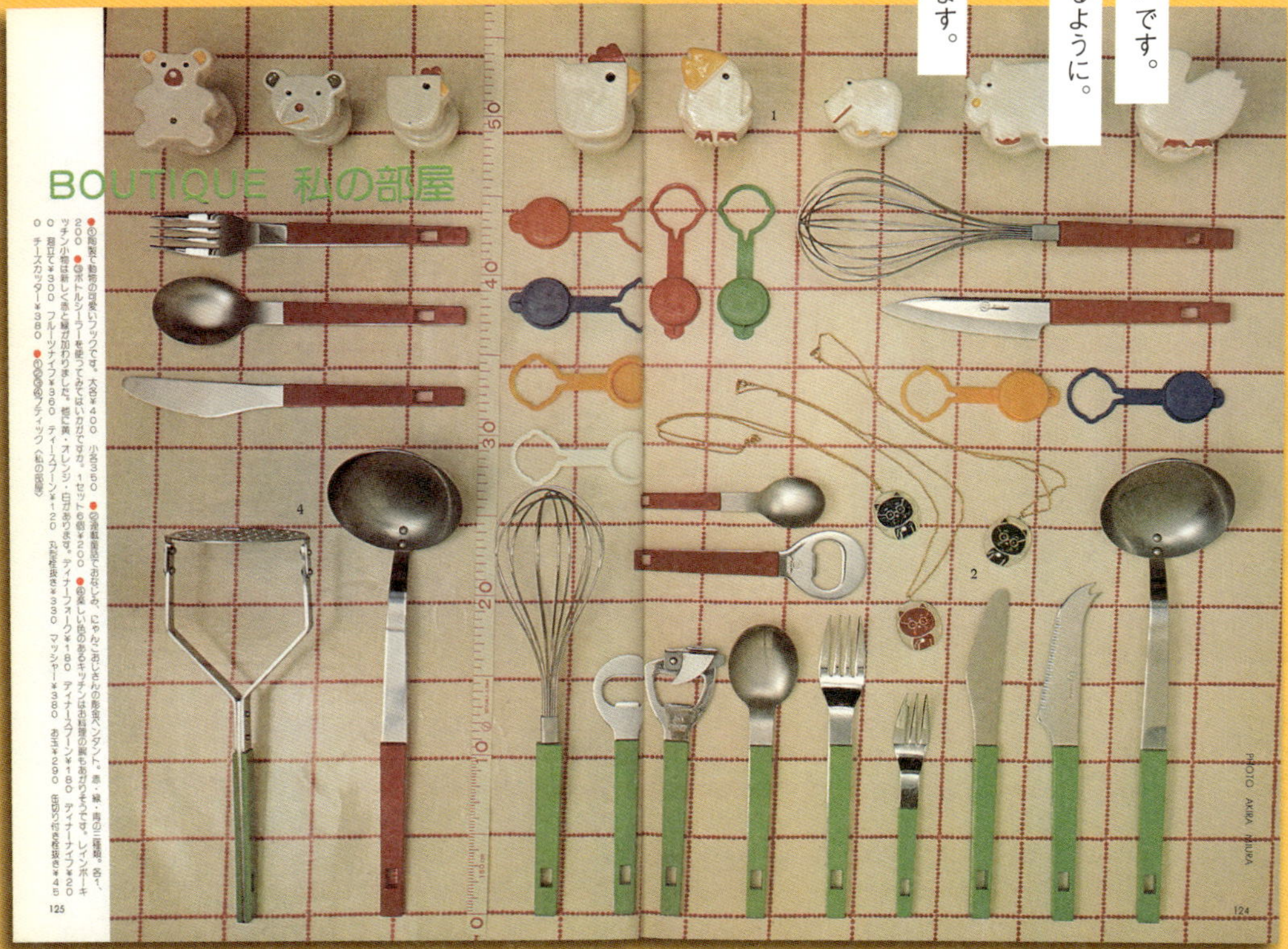

おや、変な店だな、と思ってもらいたい。
店であるのに〝家〟とか〝家庭〟とか〝部屋〟を連想させる。
お客さんがアットホームな気分になり、心が和むのを感じたら成功です。
（〝ファミリーブティック「私の部屋」の店作りについて）

日常生活の芸術化ということを考えていた。
茶碗ひとつでも、何となくそこに芸術を感じ取ってもらえるようなモノを売りたい。
そういうモノに囲まれた生活こそ、真に楽しい日常ではなかろうか。
（"ファミリーブティック「私の部屋」"の基本的な考えについて）

『私の部屋』No.3（1972年）より

『私の部屋』No.4（1972年）より

〃ファミリーブティック「私の部屋」〃 その誕生とモノ作り

雑誌『私の部屋』の思わぬ反響を受け、物販の世界へ進出。自分たちの信じた価値観を具現化することへの挑戦は、良質なモノと日常の暮らしを結ぶことにつながりました。

雑誌『私の部屋』は創刊当初から爆発的な人気を獲得しました。それと同時に、毎号雑誌の中で紹介されるモノたちも大きな関心を集め、読者からの問い合わせが編集部に殺到したのです。けれど、当時紹介していたモノのほとんどは、内藤ルネ氏などの手によって作られた一点モノ。ほしくても、なかなか手に入れられないモノでした。でもその時代、いわゆる雑貨屋と呼ばれるような商店は皆無でしたし、現在雑貨と呼んでいる、私たちの心をときめかせる日用品なんて、そうそう見つけられなかった。だから、読者は誌面に登場する、見たこともない素敵な可愛いモノたちに魅了されてしまったわけです。

そこで、『私の部屋』を出版していた婦人生活社は、通信販売をはじめようと試みます。そして、その事業の責任者として抜擢されたのが前川嘉男氏。婦人服店の経営をしていた経験があることが、その理由でした。当時を振り返って、前川氏はこう言います。「はじめたのは良かったが、それがものすごい反響でね、毎日山のように現金書留が届くんだよ。作家に頼んで作ってもらう手作りのモノだから、製作が追いつかない。しかたなくお詫びの手紙をひとりひとりに書き、また現金書留で送り返す。何とも辛い作業の日々だったな」と。しかし、そんな編

京都の老舗「イノダコーヒ」で使っているマグに触発され製作。ピンク色は当時のポップアート人気に影響を受けたものだそう。

雑誌のキャラクターであった、大橋歩さんによるエンジェルがポイントの大人気商品。バケツといえばブリキ色だった頃、この色は新鮮だった。

ストーンウェアと呼ばれる鉄粉を混ぜて作られる陶器。輸出用に生産されていたものを、初めて日本国内で販売した。

船食器と言われる厚手の丈夫な陶器。本来業務用で売られているものに、ロゴとマークを入れて販売。たちまち人気に。

当時、国内で吹きガラスといえば装飾過多のものが当たり前で、シンプルなデザインは皆無だった。それなら、と作った器がこれ。

ホテルで使われているティーセットをお手本に、オリジナルで製作した逸品。デザインの上品さが「私の部屋」らしい商品。

集部と前川氏の苦労とは裏腹に、読者からは次々に問い合わせが来ます。そのほとんどが「遅くなっても良いから、どうしてもほしい」という熱烈な要望でした。そういう読者の声を無駄にしてはいけない。そこで今度はショップを設立することになったのです。「社長は簡単に『君が店をやればいいじゃないか』と言うんだよ。じゃあ、そうしましょうか、ということで新潟の大和百貨店に、この本の店をやるから場所を空けてくれないか、と頼んだわけです。小さなワンコーナーで、ほとんど準備のないままはじめました」と、前川氏。これが記念すべき「私の部屋」第一号店の誕生でした。その後店舗数も増えたことで、ある程度の量産が可能になり、一点モノではない商品としてのモノ作りがはじまります。

　店に並べられるモノたちは、雑誌と同じポリシーによって、暮らしを楽しむためのモノでなければなりません。そこには、使う人に馴染むような、普遍的な美しさと使いやすさが求められました。下で紹介しているのは、創業間もない頃の商品です。今見ても、古くさいという印象はなく、暮らしのなかにすんなり溶け込む包容力を感じさせます。日本女性の永遠のテーマである〝大人の可愛らしさ〟をも、すでに上手に表現していることにも驚きます。暮らしのなかに夢を持つこと、そしてそれをひとつずつ実現していくことの幸せ、それを謳った雑誌『私の部屋』の考え方は、ここでひとつの実を結ぶことになったのだと思います。

　私たちが普段何気なく手にしている、さまざまな日用品。それらにも、深い歴史があることに今さらながら気付き、その重要性に改めて思いを馳せます。どうでもいいモノではなく、選りすぐった良いモノが生活のなかにあること。それは日々繰り返す些細なことを大切にする、豊かな気持ちにつながっています。大袈裟なことではなく、日常を工夫して楽しむ。特別な日だけではなくて、普段の暮らしに重きを置く。以前の日本において庶民の間には、あまりなかった価値観。それを広め、定着させることが、雑誌『私の部屋』と〝ファミリーブティック「私の部屋」〟の使命のひとつでした。このことは、雑誌が廃刊となった現在でも、ショップによって守られ続けているのは言うまでもない事実です。

若い世代に向けてつくられたアイテム。主婦だけでなく、家族全員にアピール出来る店作りを目指していた。その結果のひとつ。

紅茶のティーバッグを置くための皿。お茶の時間を楽しむことを提案するためのアイテム。日常のなかの贅沢を象徴するような商品。

前川嘉男氏と縁の深い新潟で生産されたオリジナルのカトラリー。豪華なデザインが中心だった時代に、潔いシンプルさが美しい。

これも若い世代にアピールするためアイテム。商品を通じた販売促進を大切にするのも、前川氏が進めてきたビジネススタイルの特徴。

大橋歩さんによる、キュートなイラストをシルクスクリーン印刷した千代紙を販売していた。それを専門の職人に依頼しボックスに。

ドイツへの輸出品だったもの。カフェでお酒を愉しむために使われ、ウェイターが重ねて運ぶのに便利な形になっている。

「MOTSCH」の帽子

ソフト帽を被った姿が様になる前川氏。ここで紹介している帽子のほとんどは、パリにある老舗帽子店「MOTSCH」製のモノ。個人的には「どちらかというとフランスよりもイギリスが好きだ」と語る前川氏ですが、この帽子だけはイギリス製のモノよりもいいのだそう。帽子というのは被り慣れていないと、なかなかスマートに見せるのは難しいもの。氏の自然な着こなしを見ていると、普段から装いに帽子を取り入れているのがわかります。年齢を重ねて、そのことがプラスになるような装い、経験がスパイスになるためには、日常的に自身のスタイルというものを、じっくりと育てる必要がある。帽子はまさにそのことを象徴するようなアイテムだと感じます。

たくさんのモノを見つめてきたその目が選んだ逸品たち

「私の部屋」の経営者として、またあるときはフランス文学を愛する学者として、さまざまなモノに触れてきた前川嘉男氏。氏の日常から、個人としてのモノ選びの基準を教えてもらいました。

「シティ・ライツ・ブックス」のトート

1950年代、カウンターカルチャーの最先端を生きた若者たちをビート族と呼びました。“ビートニク”と呼ばれる彼らの一連のムーブメントには、音楽もあれば当然文学もあり、前川氏も当時その“ビートニク”に少なからず関わりを持っていました。サンフランシスコにある「シティ・ライツ・ブックス」はビート文学の拠点のような書店。店主であるロレンス・ファリンゲティは、前川氏の友人でもあります。「僕はビートニクの終わり頃、たびたびサンフランシスコに行っていて、そこで友人から紹介されたのがファリンゲティだったんだよ。夜遊びで一番の仲良しだったね。彼は詩人でね、おかしな人ですがいい人ですよ」。この書店には前川氏が翻訳したロートレアモンの『マルドロールの歌』も置かれています。トートはこの店のオリジナル。

「フランス文学」の書棚

前川氏の書斎には壁一面の書棚があり、そこには新旧さまざまな文学の本が並んでいます。なかでも特に目を引くのは、やはりフランス文学。小学5年生の時、ジャン・コクトーの挿絵に惹かれて好きになったフランス文学。以来片時もそれから遠ざかったことはありません。ライフワークと言えるほど打ち込んでいる作家はロートレアモン。大学に進学して間もなく『マルドロールの歌』を読み、その内容に衝撃を受けたのだそう。「読みはじめたら止められないんです。この本を二度も読んだら気がおかしくなってしまう、そう感じて本を封印しようと釘で柱に打ち付けた」というエピソードがあるほどの、強烈なロートレアモン文学との出会い。それは、現在にいたるまで氏を虜にし続けています。

「プラチナ」の万年筆

氏にとっては遅すぎた発見、というのが日本製の万年筆の素晴らしさ。「僕はずっと輸入物の万年筆の信奉者で、次から次にいろいろ試したんだけれど、どうもしっくりこない。それであるとき、フランス人の友人から『日本語は縦書きなのだから、横書き用に作られたペンでは良くないだろう』と言われ、そうかと思い、試しに『プラチナ』のを使ってみたんだよ。そうしたらこれが実に調子が良いのです」と語るように、「プラチナ万年筆」は日本語を書くにはとても適している逸品だそう。「気が付くのに60年もかかってしまった」と苦笑いされていました。たくさんのモノを見続けて来ても、あまりに身近で気が付かない優れモノってあるものなんですね。

シャツとジャケット

いつお会いしても、さっぱりとした印象の装いで身を包んでいる前川氏。好きな形のシャツやジャケットが決まっているようで、どんなときも体の一部のように馴染んでいるのです。お気に入りのブランドがあるのか尋ねてみました。「ブランドで選ぶわけではないけれど、パリのトラッドが着ていて楽なので好きですよ。高額だけど“アルニス”というシャツ屋のシャツはいいね。それから、ロンドンにある“ジャーミー”という店は、僕のシャツをサミー・デイビス・ジュニアの型紙で作ってくれた。どうも体格が似ているらしいよ」と。こだわっていないようで、気を配っているのが氏の美学であるのです。これ見よがしなおしゃれではなく、さり気なさが大切。

「私の部屋」が初めて扱った洋食器

“ファミリーブティック「私の部屋」”が創業間もない頃、洋食器として最初に扱った商品です。「ヨークローズ」というシリーズで、日本製ですが国内向けではなく、輸出用に作られていたもの。白地にブルーのローズ模様は、染め付けの器に慣れ親しんでいる日本人にも受け入れやすいものだったと推測できます。こういう商品をいち早く取り入れるカンの鋭さも、前川氏のセンスの良さがあってのことなのだと感じます。「日常の芸術化」を目指して設立したこのショップでは、常に手の届く範囲での贅沢や美しさを提供してきました。この食器も、まさにそういう考えのもとに選ばれたに違いありません。洋食器が日常に使われるための第一歩として。

「ミニクーパー」

イギリス好きの前川氏の愛車は、やはりイギリスで生まれた「ミニクーパー」。自由が丘にあるマンションから、東京の街をあちこち移動するのに、このコンパクトさはとても便利。それに「成り下がりの美学」を自らのライフスタイルにおいて最も大切にしている氏にとって、いわゆる高級車に乗ることは、その美意識から察すると、絶対にないことだと思われます。自分を磨き高めることは必要だけれど、その結果を誇示するようなピカピカしたモノを所有するのは、とても恥ずかしいこと。この精神は、戦前の日本にあった美しい心のあり方なのだそうです。そしてまた、戦後失ってしまったものでもあります。「それを復活させたい、それが『私の部屋』の原点でもある」と教えてくれました。

ロートレアモンに魅了され続ける文学者
苦しくも、幸せな、もうひとつの横顔を知る

前川嘉男氏には、人生を通してのテーマと言える、離れられない文学の存在があります。ロートレアモン。彼への研究は現在も進行形、それゆえの苦悩と幸福を氏のエッセイから読み取ってください。

少年老い易く、学成り難し
——七十五年目の難儀な真実

前川嘉男

　それはロールシャッハという人が考案した色覚異常検査風の図形を、私が何枚も見ながら先生方の質問に答えていく作業ではじまった。そのころ私は二十歳になったばかりで、自分の中にかなりゆらぎを感じていたので、三人の精神科医にたてつづけに診てもらうことになったのである。先生方も面白がっておられたようだが、私もけっこう楽しんでいた。

　先生方の年齢差はそれぞれ親子ほどもあり、大学が二つにまたがっていたにもかかわらず、診断の結果はほぼ一致した。そして三度とも、さわやかな夏の夕べに終わり、私は上機嫌で、帰り道では口笛を吹いていた。子供のころには禁じられていた夜の口笛を。

　私はどうやら生まれつきと思われる強度の分裂気質で、なにかのきっかけがあれば分裂症に転化することもありうるという、私自身の漠とした想定とも、それはほぼ合致していた。つまり私は、日常のごく些細で卑俗なものごと、極度に抽象的な非日常の絵空事とに、いつも引き裂かれ（たがっ）ていて、その両者間に存在する普通のものごとにはほとんど無関心な奴である、と宣告されたのである。そしてそれと同時に、私がつねにぼんやりと自覚していたことを、先生方が学問的に確認してくださったことでもあった。

　その直後、私は決断した。自分がそれからは奇人変人としてのびのびと生きて行くのか、それとも本来の性向をおさえつけ、普通の人として生きて行くのかを。私は当然のこととして後者を選んだ。そのときは大きく損得勘定がからんでいたと、私は記憶している。

　そこでその後の半世紀は、自然に逆らいながらだらだらと適当にやってきたと、いま私は思う。つまり私は、生業としてみずから志した商売という泥沼を、なんとしてでも泳ぎ切ってやろうと努める一方で、十九世紀半ばに二十四歳と七ヶ月だけ生きていた、ロートレアモン伯爵の筆名をもつイジドール・リュシアン・デュカス青年と、彼の書いた作品についての研究をわが聖域に据えて、そのどちらをも止めないままに、すでに五十年以上も続けてきた。おまけにこの『Basic Life』の編集者がそこに狙いをつけたので、いま私がこの文を書いている次第である。

　時の経つにつれ、うちの社長は内外で商売とは関係のないつきあいが相当あるようだとか、このところEメールのやりとりも商売がらみのものよりも、学問がらみの方が多くなってきたとか、社員にも周辺にも次第に知られるところとなり、私の二足の草鞋は自然に認められるようになった。そして分裂気質の私にとっても、それは不自然ではなかったのである。じっさい両者間には恐ろしいほどの隔たりがあり、それぞれの本質が水と油であるがため、かえって長いあいだにゆっくりと、両立を可能にしてきたのかもしれない。

　二〇〇三年初夏、すでに末期に達していた私の病気が発見された。というのもあまりにも多忙だった（当時はもともとの二足の草鞋に加え、商店街理事長の大役や、第三セクターである地域振興会社の社長業なども重なっていた）ため、私は疲労困憊状態が人間の常態であると錯覚していたらしく、自分の病気に何年間も気づかなかったのである。それに私は元来、健康に関心のない人だったので……。

　本人も医者も家族の者たちも、これにはほんとうに驚いた。すべての仕事から即刻離れ、静かに治療に専念しても三年持つかどうか、というところまで病気は来てしまっていた。

　しかし主治医の選択してくれた治療法が大当たりで、病人である私の心掛けも良かったせいか、発見の十ヶ月後、私は危機を脱し、快方に向かいはじめた。そこですぐ私は調子に乗り、親しい研究者仲間に死ぬまでには必ずやると宣言していた、ロートレアモンの作品論にとりかかることにした。病気偶然発覚により私に舞い込んだ千載一遇のチャンス！

　だがそのためにはまず、まだ私が未訪問の南

二度と開けないように釘を打ち込んだ、ロートレアモンの『マルドロールの歌』。氏とロートレアモンの出会いは、それほど衝撃的なものでした。

米ウルグアイまで行き、私とは同年輩のモンテヴィデオ在住の熱心な研究者、デュプレさんに会い、十三歳までのロートレアモンの南米時代の生活環境の資料を全部見せてもらい、いくつかの質問をし、さらには私自身のウルグアイ体験も必要だったのである。そうしなければ、私の作品論の最大の柱が構築できなかったからである。ところがモンテヴィデオ市は東京とは地球の反対側にあり、日本からは直行便もない。私の身体はまだ病み上がりにも到達していない。私はその件をあきらめ、ともかく作品論をまとめることにした。

このようにして、ただそれだけを目的とする素晴らしい日々がはじまった。酒も煙草も止めた。日の出と共に机にかじりつき、日が沈めば机から離れ、もう眠る。そのように日々を重ねることは、私には目も眩むばかりの初体験であった。正直に言って寝食を忘れたことが何度かあった。私は自分が病人であることを忘れ、いつのまにか疾走していた。

そして二〇〇四年暮れタイトルを決めた。私の尊敬するパリの友人ルフレールさんにそれを告げると、彼は喜んでたちまち出版社に話を持ち込み、序文は自分が書くとまで言ってきた。

二〇〇五年初夏原稿が出来上がり、送った。するとこのフランス語ではまずい、やり直してくれとの注文。そこでフランス人に見てもらって書き直し、ヴァカンス明けに大きく訂正した原稿を送った。するとこれでよかろう、すぐ編集者に渡すというメールが入ったところで、ルフレールさんからの音信が絶えた。どうなったのか、と手紙を書いたが、返事は来ない。そこで私は、自分のフランス語の原稿を読み直した。さらにていねいに読み直した。

よくない。これではよくない。よくないのは、フランス語の表現だけではなかった。中味までまずい箇所がいくつもある。どうしてこんなものを書いてしまったのだろうか？　たしかに慌てたり、夢中になってのぼせていたときが、あったことはあったにしても。

南米関連をすっぽりぬけ落とさせただけではなく、まずいところは随所に見つかり、すべての論点について最後まできっちりと詰め切っているものは一つとしてなく、あらゆる部分が竜頭蛇尾に終わっていたのである。気がつくともう十一月、来月は十二月ではないか。

もうここまでくれば、医者に体調回復を確認してもらってウルグアイへ行き、そこでスタートを切り直し、すべて一からやり直す以外に途はない、とようやく心が定まった反省のひとときの後に、私はこの一文にとりかかったのである。

長いあいだ私は、学問と商売をなんとかして両立させてきたと思い込んでいたのは、じつは私自身の勝手な思いにすぎなかったのであろうか？　じっさいは商売で壁にぶち当たったとき、便利な一時避難所として学問を利用しつづけたのではなかろうか？　学問に逃げ込んで心が静まれば、第三者の眼で商売を眺めることも可能になり、解決の糸口を見つけては商人に舞い戻っていたのではなかろうか？　それがいつのまにか習慣化し、ヘンに私の身についていたのであろうか？　それはとても両立と呼べるものではなく、商売の便宜のために学問を聖域に祭り上げ、たてまつりながら利用していたに過ぎない。しょせん私は一介の商人に過ぎず、私はいつのまにか強度の精神分裂気質から脱出していたに違いない。私はもう推論に推論をきっちりと重ねて、ついには真実にまで肉薄しようとする学問なんぞ、したくとも出来ない人間になり果てていたのであろうか……。

いつのことだったか日本紳士録の原稿の趣味欄に、ゴルフ、ボクシング観戦、そして学問と記入して交詢社に送ったら、編集者から学問が趣味というのはまずいですよ、と文句をつけられたがそのママでよしと突っ張ったことがあった。あの時は魔が差して、本人にもわからなかった真実がフト顔をのぞかせたのか？　今はあの時のバチが当たったのか？　しかしすでに済んだことは済んだことである。いまさらどうなるものでもない。

ところでデュプレさんの住所が見当たらない。ルフレールさんに教えてもらわなくては……。正月には医者に検査をお願いし、ＯＫが出れば、モンテヴィデオ行きの航空券の手配をしよう。

フランスでのロートレアモンの作品論の出版は、なんとしてでも成功させたい。しかしああ、いかに少年老い易く、学成り難しであることか？

風変わりな商人としては、いちおう世間に認めてもらえたようだから、これからは変わった学者としても、認めてもらえるように余生を使ってもよいだろう。しかし出来るかな？

［まえかわ・よしお／
㈱私の部屋リビング前会長］

大切な心をお客様に提供する
「私の部屋」というショップの
かけがえのないポリシーを見つめる

雑誌『私の部屋』から生まれた“ファミリーブティック「私の部屋」”は、雑誌の持つ理念と考えを共有して前進してきました。雑誌がなくなった今も、その考え方はショップを通し、お客様に向け発信し続けています。

商品に対する知識を持つ

暮らしに役立ち、そして心を豊かにさせるモノ。「私の部屋」で扱っている商品は、すべてそのような視点で選び抜かれたモノです。けれど、それは具体的にどのようなことなのでしょう。どんなふうに役立つのか、どういうところが心を豊かにしてくれるのか、その答えをお客様にきちんと伝えることが出来る、接客の大切さはそこにあると考えます。モノのあふれる時代だからこそ、数あるなかで選んだ理由を、スタッフがしっかりと把握出来ている。それが信用につながると思うのです。必要なモノはひとりひとりみんな違うはず。その人にとっての〝最適〟をおすすめ出来ることが、接客のプロであるとも言えます。

清潔感を大切にする

当たり前のことですが、とても大切なのが清潔感。店に足を踏み入れた瞬間、それはすぐに判断出来ることでもあります。買い物をする場所に澱んだ雰囲気を感じたら、それだけで生理的にその店を拒絶したくなります。ましてや食器やバスグッズなど、直接口に付けたり、肌に触れるモノを扱うライフスタイルショップでは、なおさらのことです。磨き上げられたガラスや整然とした棚を見るだけで、気持ち良く感じる。それは飾り立てられたディスプレイを見るより、ある意味その店の本当のセンスを知ることになるのではないでしょうか。モノを大切にする心があれば、清潔感はおのずと保たれるもの。その心こそセンスだから。

心を込めることを形にする

過剰包装をすることは、もはや時代に逆行しています。大切なのはあくまでも中身である商品。それを飾り立てるために必要以上に包むことは、心を込めることにはならないと思います。ギフト用のラッピングにしてもしかり。中身より豪華でケバケバしい包装は、どこかもの悲しさを感じさせます。そのことを自分自身でするならまだしも、ショップに依頼するのは今や時代遅れ、と言っても過言ではありません。さっぱりとしていて品があるラッピング、その控えめさは贈る心を誠実に伝えます。お付き合いに関わるギフトだからこそ、大切にしたいのは心そのもの。モノはその脇役でしかないのですから。

ディスプレイの必要性

例えば変わった形の目新しい器を見つけたとき、どんなふうに使うと素敵かな、と想像してみるのもショッピングの楽しみのひとつです。ディスプレイは、その想像のバリエーションを膨らますためのものであってほしい。自分では考えつかないような楽しいアイデアのある使い方が提案されていると、何だかワクワクしてきます。それは、新しい暮らし方を、もうひとつ発見したような喜びでもあるのです。奇をてらった提案ではなく、モノを扱うプロとしての視点があることで、その商品であるモノが何倍にも輝いて見える。いつもの暮らしが、また少し豊かになるような、そんな発見があることも大切な要素です。

きちんと話し合うこと

「私の部屋」のショップスタッフは、毎朝開店前に必ずミーティングをしています。それはスタッフが接客のプロであることを自覚するためにも、重要なプロセスとなるからです。また、たとえそれが些細な問題であったとしても、そのまま見過ごさないために、毎日の話し合いは欠かせないのだそうです。ひとりひとりのスタッフが作る信用が積み重なって、三十四年という長い年月を「私の部屋」は歩み続けてきました。それは、単にモノを売るということだけではない、人とのコミュニケーションの場として店を大切にしてきた結果でもあるのです。このことは失われつつある商店のあるべき姿とも言えます。

コラム

『私の部屋』での日々

内藤三重子

『私の部屋』は、今までになかった新しいタイプの生活雑誌として、一九七二年に創刊されました。生みの親は、当時『服装』（婦人生活社）の編集長でいらした、今は故人になってしまわれた木村寛さんと平沢啓子さんです。

木村さん・平沢さんとの出逢いは、私が学校を出て、銀座三愛の宣伝部に入社して、すぐでした。以来、十五年以上にわたり仕事を通して、公私ともども多くのことを教えて頂きました。

なぜ『私の部屋』が、生まれたかをお話しする前に、多少その当時の時代背景を振り返ってみたいと思います。

一九六十年代の後半には、様々な面で、次々と新しい波が押し寄せた、すごく面白い時代でした。ビートルズ、ヒッピー文化、マリークワントのシフトドレス、ミニスカート。クレージュやパコラバンヌのファッション革命などです。かたや、オートクチュールもプレタポルテ商品を、どんどん発表するようになりました。こうしてファッションが、従来のファッション誌を見て「作って着る」時代から、「買って着る」時代へと変化していきました。

既存の雑誌にあきたりない若者向けに、アメリカやロンドンの情報を満載した『ポパイ』、大橋歩さんのイラスト表紙で変身した『平凡パンチ』……更に『an・an』など時代のファッションリーダー的雑誌が、出版されました。

社会的には、高度経済成長が続く中で、日本の伝統的家族制度が、崩壊しはじめて、「核家族」の時代になりました。

『私の部屋』が、企画されたのは、その「核家族」が、更に核分裂をはじめようという時期でした。木村寛さんは、こうした時代の動きに、天才的な勘というか嗅覚のようなものを持った編集者でした。

ある日、「ちょっと話したいことがある」と木村さん・平沢さんが、我が家に来られました。いぶかる夫と私に「これからは、ファッションよりも、一人一人のプライベートライフ充実の時代が、必ず来る。実は、『服装』を辞めて、そのための新しい雑誌を作ることにしたので協力して欲しい」とのことでした。

今、思えば、木村さんご自身も、思春期になろうという二人のお子さんのために、お宅を改築中で……きっとご自身の体験からの発想だったのかなと想像します。

それから、夫が作った円テーブルで、円卓会議がはじまりました。木村さんと平沢さんとの激しい議論の応酬に、お茶のお盆を持って、うろうろおろおろしたのも、今はなつかしい想い出になってしまいました。

マイコーナーとかマイドアとか、いろいろな案の中から、社名は「マイ・ルーム」で、雑誌本体は『私の部屋』に決定されました。『私の部屋』のロゴタイプは、夫の鎌田豊成（当時、広告代理店のアートディレクターだった）が、制作。アイキャッチャー的マークは、大橋歩さんということで、ゴーサインが出されました。

私は、人生の中で一番に元気でイキの良い時期を『私の部屋』と共に過ごしたようです。猛烈な忙しさの毎日でした。でも、作ること・描くこと・書くこと……全部が嬉しくて、楽しくて、徹夜なんか何とも思わず精一杯働かせて頂きました。

グラビア撮影の日に、作品の仕上げが間にあわず、カメラマンの方に「お願い！手伝って!!」などとお願いすることもありました。

〆切に追われて徹夜仕事の早朝に、後ろで人の気配がしました。夫だと思い込み「まだ出来てないから、もっと寝ていてよ!!」と振り返りもせずに怒鳴ったら……なんと泥棒さんだったこともありました。

今でも、個展に来てくださる方から、「私、ナイトウさんのリビング・ダイアリーを壁に貼って暮らしていました」とか「子育ての参考にさせて頂きましたよ」とかいって頂くと思わず……「まぁありがとうございます。で、お子さまたち、ご無事にご成長されましたか?」とうかがってしまいます。若さにまかせて、いろいろ書きまくったものだと、穴があったら入りたい気持ちになります。

『私の部屋』が、出版されてみると結果は、上々でした。おそるおそる本屋さんを見て歩いたりしました。タイムリーであった証拠に、すぐ『ふたりの部屋』とか『美しい部屋』など、続々とお仲間が増えていきました。

でも、マイ『私の部屋』には、〝ファミリーブティック「私の部屋」〟も加わり、いろいろな足跡を残しつつ独自の路線をいきました。

直感・五感を使って、手作りで編集された最後の雑誌だったと思います。

［ないとう・みえこ／アーティスト］

第2章

なくしたくない日本

私たち日本人には、昔から伝わる四季を楽しむ心、そしてその季節を快適に過ごすための知恵や工夫があります。それは長い年月をかけて、祖先が考え出したひとつの財産でもあるのです。けれど昨今、その知恵や工夫が、私たちの暮らしから失われようとしています。

確かに昔にくらべれば、家電ひとつをとっても目覚ましい技術の進歩があり、スイッチを押すだけで、涼しくなったり、あたたかくなったり、面倒な作業も機械が代わりにやってくれる、という時代になりました。

でもそれは、私たちから知恵や工夫を奪うことにもつながっています。人としての生きる力でもある知恵と工夫を、今、あらためて見直してみたいと思います。

おいしさを分かち合うこと、家族と話し合うこと毎日の食事から生まれる、当たり前の幸せ

家族が揃って食事をすること、一週間で何日ありますか？
食事とは、単に食べることだけではない重要な行為。
整えられた食卓で、大切なことを語り合うために。

失いかけている食卓での家族団らんの風景

あるテレビ番組で東京の下町を取材していました。何となく眺めていただけの番組だったのですが、そのなかである男性が語った一言が、私を惹きつけ、それ以後もその言葉が頭から離れないのです。

インタビュアーが職人として働く男性の家を訪ねます。彼には妻と娘夫婦、それに孫がいて、今どきの東京では珍しくなった七人の大家族。何とも平凡で、そしてとても幸せそうな家族の風景。何故かその風景に、とても贅沢なものを感じながら、私はいつしか画面に釘付けになっていました。その男性に、家族が仲良く暮らせる秘訣は何ですか？という質問がされました。「みんなでご飯を食べることだよ」。彼はごく当たり前といった感じで、そう答えます。

みんなでご飯を食べること。それを当たり前と思わなくなった人々が、この日本にはどのくらいいるのだろう。そんなことを思いながら、私は、自分自身もそのなかのひとりであったことにショックを受けていました。当たり前のことを、当たり前として、取り入れている暮らし。そういう暮らしをみんなしていたはずなのに、それが普通だと感じていたはずなのに、いつからか、それが普通でなくなっていました。

現代では女性も仕事を持っている人が多く、仕事の都合で夜も残業、食事は家族とではなく〝おひとり様〟というケースが増えています。そして子供たちは学校が終わっても、塾へ通い、コンビニの前でカップラーメンを食べている。お父さんも、仕事や付き合いで帰りはいつも遅い。おそらく、これが今の私たちの平均的な日常なのではないでしょうか。そういう日常を、仕方なし、と諦めてしまい、それを普通のこととして通してきました。だから、テレビ画面に映し出される、家族団らんの風景に贅沢さを感じてしまうわけです。

食卓を囲む、それが持っている大切なことを見つめ直す

もう一度、当たり前だったことを見つめ直したいと思います。まずは食事という行為から。何を食べるか、ということよりも誰とどう食べるかに気を配ることの方が大切です。その誰かとはまさしく家族。我が家に当てはめてみると夫です。考えてみれば、いろいろあっても何とか十数年という年月を、共に歩んでこられたのは、どんなに忙しいときでも一日一食だけは、ふたりで食べることを守ってきたからかもしれません。食事とは、人との関係にとても重要な役目を果たしている。改めて、そんなふうに感じます。

そして、人と食事をする上で忘れたくないものがあります。気遣い、マナーです。それは、家庭のなかで覚えていくべきもの。人に不快感を与えない、最低限のことを子供たちに教えるために、ここでもう一度、私たち日本人の典型的な食事のスタイルを振り返ってみます。きちんと整えられた食卓があれば、マナーは自然と身に付くはずです。それをしっかり覚えておけば、どこへ行っても困りません。基本を知っていれば応用出来るわ

飯碗 灰トチリ ¥1,050／根来 汁椀 朱 ¥2,100／金糸 朱 ¥1,680／箸置 ひなぎく ¥735／古染唐草 高台小皿 ¥2,310／ぶどう 木瓜皿 ¥1,260／色点紋 5 寸皿 ¥1,470／膳（参考商品）／湯呑 かすり ¥1,470／黒吹土瓶 ¥2,415／メープル プレート 大 ¥4,725／おひつ（参考商品）／手拭い（参考商品） すべて「私の部屋」

けですから。

昔はひとりずつ低いお膳が用意され、その上にひとり分の食事が並びました。低い位置にある食べ物を口に運ぶことから、食べ物をこぼさないために器を手に持つようになったのだそうです。だから、持てる器は手に持つのが基本。そして、日本の食事はご飯が主食、一番持つ回数の多いご飯茶碗を左手前に置きます。右手には箸を持っているから、持ちやすい左なのです。上の写真のように、次に持つ回数の多い汁椀は右手前、後ろには持てる器から左に並べる、といった順番です。器や箸の上げ下ろしは丁寧に扱うことを心がければ大丈夫。器を持つとき箸をいちいち置かなくても、器を持つのに支障がなければ神経質になることはないようです。後は楽しくみんなが食事出来ることに気を配る。それこそが大切なマナーです。

そして、家族の誰かにちょっとしたクセ（音を立てて食べるなど）がある場合、遠慮せずに注意しましょう。それが出来るのも家族だからこそ。食事は社会に出て困らない知恵や気遣いを教える場所でもあると思います。そしてそれと同時に、家族としての絆を確認し合える場所でありたいものです。

気持ち良くテーブルにつくために 和のテーブルのアイデア

私たちの基本でもある和の食卓を、普段から使っている日常の器を活用して、今の暮らしに合うようにアレンジしてみましょう。

●冷えたおしぼりと一輪の花

暑い季節、キリッと冷えたおしぼりをさり気なく出されると、それだけでその人のセンスの良さを感じてしまいます。センスとは、心遣い。だから、爽やかな香りの花を一輪、一緒に添えるのも忘れずに。

風呂敷 波千鳥 紺・浅葱 各 ¥714 ／ざる（参考商品） すべて「私の部屋」

●葉をプラスして香りもごちそう

お酒を愉しむときに、ちょっとのひと工夫。香りのいい葉をぐい呑みに挿して、そのままお酒を注ぎます。季節の香りを愉しみながらリラックスした気分に。でも、飲み過ぎにはくれぐれもご注意を。

黄粉引 酒器揃 ¥4,725 ／アルミ ラウンドトレイ（参考商品）／手拭い（参考商品） すべて「私の部屋」

●素材を合わせずミックスして

おもてなしのときでも、器を統一する必要はありません。さまざまな素材の器をミックスすることで、かえって、テーブルの表情は生き生きとしてくるものです。磁器と陶器、それに木製の器など、自由に組み合わせて。

高台膳 黒 ¥2,625 ／バンブー テーブルフォーク ¥893 ／バンブー テーブルナイフ ¥1,050 ／箸置 銀波 ¥735 ／メープル ボウル ¥2,100 ／茨の実 8 寸深皿 ¥3,990 ／ポット 焼締 ¥21,000 ／湯呑（参考商品） すべて「私の部屋」

●お弁当箱で晩酌用のお重を用意

お弁当箱、普段の食卓では登場する機会の少ないアイテムですが、使い方次第で気分を変えられる便利なモノ。例えば、酒の肴をつめて、お父さんの晩酌用にしてみては。家にいながら行楽気分になれるかもしれません。

水玉 木瓜皿 ¥1,260 ／フォーク ホーン ¥1,050 ／ひな弁当 ¥6,825 ／小煎茶（参考商品）／徳利（参考商品）／手拭い（参考商品） すべて「私の部屋」

普段の食卓の延長にあるおもてなし

普段からよく使う器を組み合わせて、おもてなしのテーブルセッティングをしてみましょう。慣れないモノを使うよりも、失敗のリスクは少ないはずです。色彩のバランスさえ気を付ければ、和洋折衷も難しくありません。

櫛目格子 大皿 ¥2,940 ／櫛目格子 片口注器 ¥1,680 ／スン・ノー シリーズ ティースプーン ¥630 ／層 オーバル刷毛目 ¥7,980 ／マグカップ 黒陶 ¥2,940 ／ポット 粉引刷毛目 ¥14,700 ／箸 こだま 南天 ¥840 ／リーフ 箸置 ¥525 ／ぬくみタンブラー M¥315 ／燭台 くねり S¥945 ／チャーチキャンドル S¥420 ／醤油差し 黒柚子 ¥2,625 ／テーブルクロス（参考商品）／篭（参考商品）／手拭い（参考商品） すべて「私の部屋」

気持ち良くテーブルにつくために　洋のテーブルのアイデア

身近にあるモノを利用したパーティーのテーブル。ちょっとしたアイデアとゲストへの心遣いさえあれば、いつでも楽しいおもてなしが出来ます。

● キュートなリンゴのカードホルダー

姫リンゴに切れ目を入れて、そこにゲストの名前を書いたカードを差し込みます。お皿の上に置けば、立派なネームカードホルダーに変身。ネームカードは、おもてなし感がダイレクトに伝わるアイテムでもあります。

オーチャード ボウル S¥683／ブルーライン 切立ちボール ¥1,365
すべて「私の部屋」

● マドラー代わりのレモンとライム

レモンとライムを竹串に刺してグラスにセットしておきます。アルコールでもジュースでも、それぞれ好きな飲み物をゲストに作ってもらう、カジュアルなパーティースタイルにぴったりのアイデアです。

カルタス タンブラーロング ¥1,155／タンブラー しだれ ¥2,625／ブルーライン 切立ちボール ¥1,365　すべて「私の部屋」

● 葉を巻きつけて簡単ナプキンリング

日常ではナプキンなんて、ほとんど使わないもの。だからこそおもてなしのときに、その威力を発揮。ナプキンリングにしたのは細長い葉。くるくる巻いてステープラーで止めれば出来上がり。キャンディーもプラスして。

舞化粧 取皿 ¥2,100／シエル ナプキン オフホワイト ¥1,050　すべて「私の部屋」

● さり気なく生けたブーケをギフトに

ゲストにちょっとしたギフトを渡したいときは、小さなブーケが一番です。花が嫌いな人はいないから。テーブルに束ねたブーケを、あらかじめ飾っておきましょう。それをそのまま持ち帰ってもらえば気軽に渡せます。

ブルーライン ピッチャー ¥2,625／メープル プレート 小 ¥1,680
すべて「私の部屋」

post card

料金受取人払

赤坂局承認

8869

差出有効期間
平成20年
3月31日まで
(切手不要)

107-8790

124

東京都港区南青山4-27-19 1号室

アノニマ・スタジオ

Basic Life 4 係

☒ご感想、著者へのメッセージなどをお書きください。

お名前　性別　□男　□女　年齢　歳

ご住所　〒　―

ご職業

Tel.　e-mail

このはがきのコメントをホームページ、広告などに使用しても　可　・　不可(お名前は掲載しません)

Basic Life 4 自分らしく暮らす豊かさを――

060612

この度は、弊社の書籍をご購入いただき、誠にありがとうございます。
今後の参考にさせていただきますので、お手数ですが下記の質問にお答えください。

Q/1. 本書の発売をどうやってお知りになりましたか？

Q/2. 本書をお買い上げいただいたのはいつですか？ 平成 年 月 日頃

Q/3. 本書をお買い求めになった書店とコーナーを教えてください

書店 コーナー

Q/4. この本をお買い求めになった理由は？

□テーマに興味があったので □タイトルにひかれて
□著者にひかれて □「私の部屋」にひかれて
□写真・デザインにひかれて □広告・書評にひかれて

Q/5. 価格はいかがですか？ □高い □安い □適当

Q/6. よく読む雑誌は何ですか？

Q/7. 雑誌の特集で興味があるテーマは何ですか？

Q/8. 小説・エッセイのジャンルで好きな作家を教えてください。

Q/9. 料理・雑貨・クラフトなどのジャンルで好きな作家を教えてください。

Q/10. 雑貨・服などで好きなブランド、ショップを教えてください。

Q/11. ライフスタイルショップ「私の部屋」はご存じでしたか？

□はい □いいえ（本書をお読みになって「私の部屋」を訪ねたいと思われましたか？ □はい □いいえ）

以下はQ/11.で「はい」と答えられた方のみお答えください。

Q/12. 普段ご利用いただいている「私の部屋」はどちらの店舗ですか？ 店

Q/13. 「私の部屋」へはどのくらいの頻度でご来店いただいていますか？

Q/14. どのような目的で「私の部屋」へご来店いただいていますか？

Q/15. 「私の部屋」へのご意見、ご要望などございましたらご自由にお書きください。

ありがとうございました

●ケーキスタンドでパーティー気分

ティーパーティーも、普段の食器で十分に楽しめます。ひとつだけ特別に用意したいのが、ケーキスタンド。コンポートでもOKですが、高さのある器が便利。高低差があることで、特別な雰囲気を演出出来るのです。

カルタス タンブラーロング¥1,155／エリゼ プレートL¥998／オーチャード ボウルS¥683／シエル ナプキン オフホワイト¥1,050／5センス カプチーノ・ティーカップ各¥1,155／スムース デザートナイフ¥840／スムース デザートフォーク¥893／ケーキスタンド¥5,040／レンゲ メープル¥735／箸置 メープル¥473／メープル プレート小¥1,680　すべて「私の部屋」

日々の暮らしにメリハリを
四季を楽しむ年中行事

折にふれて四季を楽しむことが出来る、日本の風土。私たちの祖先は、その季節ごとに与えられる恵みを、お祭りや行事で祝い、また感謝してきました。年中行事は、その心を受け継ぐために守りたい文化です。

現代に暮らす私たちは、もしかしたら昔の人たちにくらべると、季節の移り変わりに鈍感になっているのかもしれません。都会で暮らしていると、自然に接する機会が少ないためなおさらです。気が付くと春が来て、気が付くと夏が終わっている、そんな目まぐるしい生活を送っている人もめずらしくない。そうやって慌ただしく過ぎていく日々に加え、今は毎日がお祭りのように贅沢。食事も装いも昔にくらべると、ご馳走や上等な服が普通になっています。でもその結果、メリハリのない一年になってしまいました。

ハレ（晴）とケ（褻）という言葉があるように、昔はその区別がしっかりとありました。そのことで生活にリズムが生まれ、一年を通して気持ちも体も健やかでいられたのではないでしょうか。年中行事はそのハレにあたります。普段は慎ましく暮らし、ハレのときには贅沢を許す。その考え方は、共同体として生きる人間の知恵でもあります。

古来から、祖先たちが作り上げた、日々を生きる上での、理にかなったサイクルでもある年中行事。その素晴らしい知恵をもう一度見直してみましょう。

お正月

お正月には、もともと陰陽暦（旧暦）の一年の最初の月という意味があります。今では年初の諸行事を営む日々、という意味が一般的です。そして元旦とは一月一日の朝を指します。元旦には恵方から来る新しい年の神々を迎え、家内安全や五穀豊穣、平穏無事などを心を込めて祈ります。

【若水】
元日の早朝に、初めて汲む水のことを若水と呼びます。この水をその年の神様に供え、家族の健康を願うのだそうです。お茶を点てたり、雑煮に使ったり……若水を飲むと邪気が払われ、女性は若返って美人になれる、という何とも嬉しい言い伝えもあります。

【初詣】
新しい年を迎えてから、松の内（現在は七日までというのが一般的）までに近くの社寺にお参りすることを初詣といいます。神社での初詣は、まず御手洗で手を洗い、口をすすいで洗い清めてから祈願します。祈願の順は、お賽銭を入れて鈴を鳴らし、二拝二拍手してお祈り、最後に一拝して終わりです。

【お年玉】
子供たちが楽しみにしているお年玉。でも昔は、お小遣いをもらえたわけではなかったようです。そのはじまりは地方によって違いはありますが、たとえばある地方では、その年の神様に新年のお祝いとしてお供えしたお餅を子供たちに与えていたこと、とされています。

【年始回り】
松の内までにお世話になった方や親戚の家に、新年のご挨拶に行くことを年始回りと言います。忙しい現代では、なかなか会えない人に会えるチャンスでもあります。でも相手を訪ねるときは、事前に都合を聞いておくのがマナーです。

【事始めと書き初め】
元日は静かに過ごすための日であることから、一月二日にもの事をはじめるのが習わしです。そして、この日にはじめたもの事は長続きし、良い結果になると伝えられています。書き初めも、この日に書くことで字の上達を願ったのだそう。何かを新しくはじめるには縁起の良い日です。

節分

昔の人々にとって節分とは、季節の変わり目を表す言葉だったようです。だから、立春だけで

なく、立夏、立秋、立冬のすべての前日をそう呼んでいました。現在では、立春の前日だけを節分としていて、春を迎えるために邪気を追い払う日とされています。

【豆まき】

豆まきは、中国から伝わった「追儺《ついな》の儀式」（「鬼やらい」ともいう）が起源とされています。豆には霊力があると信じられていたため、豆をまいて邪気を払い、福を呼び込む儀式になりました。豆は節分の夜にまくのが基本で、それまでは升に豆を入れて神棚にお供えしておきます。豆をまく人は年男や一家の主人などで「福は内、鬼は外」とかけ声を上げながら豆をまきます。また、まき終わったら福が逃げないように、すぐに戸を閉めるのだそう。そして家族それぞれが、自分の歳の数だけ豆を食べて、一年の無病息災を祈ります。

【恵方巻き】

恵方とは、その年の干支によって決められた、年神がいる縁起の良い方角のことです。節分にその方角を向いて、太巻きを無言で一気に丸かじりするとその一年を無病息災で過ごせるなど、願い事が叶うというもの。恵方巻きは、主に西日本で行われる行事でしたが、最近では東日本にも普及しつつあります。コンビニエンスストアなどでも、この時期になると恵方巻きが登場しています。

【柊挿し】

あまり馴染みのない儀式のひとつに「柊挿し」というものがあります。これも節分に行うのですが、柊の枝に焼いたイワシの頭を刺して、家の軒先や戸口などに置く、という習わし。柊の葉の棘が鬼の目を刺し、イワシの頭から出る悪臭によって、邪気が家に入るのを防ぐことが出来るというもの。現在では、臭いが強いこともあって、あまり見かけなくなってしまったのかもしれません。

雛祭り

雛祭りは、別名「上巳の節句」とも呼ばれ、その由来は中国にあります。上巳とは三月の最初の巳の日を指し、中国ではこの日を〝忌日〟として縁起の悪い日とされてきました。日本ではそれが平安時代になって、流し雛という形で厄落としの儀式になったのだそう。平安貴族たちは、川に自分の身代わりの紙人形を流し、一年の無事を祈ったのでしょう。そして現在、雛祭りは女の子の成長を願うお祝いに変化して、豪華なお雛様を飾るようになりました。

【雛人形】

雛人形は地方によっても飾り方などに違いが見られるのですが、基本として、男女一対の人形を赤い布の上に飾れば雛人形になります。そして、飾る段数は縁起の良い奇数にするのが決まり。三段や七段が多いのはこのためです。雛人形を飾るのは、立春を過ぎた後からで、雛祭りの一週間前くらいには飾っておくようにしましょう。前日に飾るのは、一夜飾りになるので良くありません。そして片付けは、雛祭りの翌日に。しまい忘れると娘の婚期が遅れる、と言われています。

【雛菓子と雛膳】

雛祭りには雛菓子を食べてお祝いします。雛菓子には、雛あられ、菱餅、などが代表的。白酒、蛤のお吸いものにちらし寿司なども雛祭りに欠かせないものです。これらにはそれぞれに意味があり、特に女の子のお祭りだけに、純潔や一夫一婦への願いなどが込められているのが特徴です。

お花見

日本人はお花見好きで知られていますが、特に桜が好まれているのは、咲き誇った後の散り際の良さが、私たちの気質に合っているからと言われています。お花見の歴史は長く、もともとは豊作を願う、山の神への神事でしたが、平安

時代には、貴族たちが競って行楽として花見をはじめました。醍醐の花見で有名な豊臣秀吉は、約一三〇〇人を従えて豪華な花見をしたとされています。江戸時代に入ると花見は庶民の間にも広まり、桜の名所は増えていきました。ちなみに、上野の桜は徳川家光が奈良の吉野山から移植させたものだそう。

端午の節句

古来中国から伝わった行事で、日本では五月五日を端午の節句としました。中国では、五月は物忌みの月とされていて、〝午〟という文字が五に当てはまり、重日思想という数字を重ねる考え方があるところから、五月五日を邪気を払う行事の日と定めたようです。もともとは女の子の祭りでしたが、鎌倉時代に、端午の節句で使われる菖蒲を尚武（武を尚《たっと》ぶ）にかけて武具を飾って祝うようになり、江戸時代に入って男の子の誕生を祝う行事になりました。「こどもの日」になったのは一九四八年で、〝子供の人格を重んじ、子供の幸福をはかるとともに、母に感謝する日〟と定められました。

【鯉のぼり】

〝鯉が黄河の滝をのぼる〟という中国の故事から男の子の立身出世を願い、鯉を飾るようになりました。鯉は生命力の強い魚であることも、選ばれた理由のひとつ。鯉のぼりは、中国の思想「陰陽五行」の考えにもとづき、赤・青・黄・白・黒の五色で構成されています。この色には霊力があると信じられていたため、魔除けの意味もあったのです。

【ちまきと柏餅】

どちらも端午の節句に欠かせない食べものですが、ちまきは、故人の霊を慰めるものとして、川に投げ入れる風習に使われ、柏餅は縁起ものとして食されました。柏の葉が枯れてもなかなか落ちないところから、いつまでも跡継ぎが絶えない、という縁起をかついだものです。

七夕

〝五節句〟のひとつで「たなばた」は「しちせき」と呼ばれていました。天の川の両岸にある牽牛星と織女星が、一年に一度、この日にだけ会えるという中国の「星伝説」に、同じく中国の「乞功奠《きっこうでん》」という書道や裁縫の上達を願う行事、それに日本の「棚機女《たなばたつめ》」という伝説が結び付き、夜空に願い事をする行事になりました。

【笹飾りと短冊】

陰陽五行の五つの色の紙に、願い事を書く習わしは、江戸時代に入って、庶民が寺子屋へ通うようになって普及したと言われています。習い事の上達を願って、中国の「乞功奠」と重なって広まりました。笹の葉に飾るようになったのも江戸時代になってからのことです。

【ねむた流し】

「ねむた流し」や「ねむり返し」と呼ばれる、七夕の日に水浴びする風習があります。これは、お盆の前に身を清めておく、という意味から行われたもの。七夕とお盆はひとつながりの行事だったわけです。

夏祭り

七月から八月にかけて、日本中で行われる夏祭り。各地で、豊作や無病息災などを祈願し、け

がれを払うと共に、先祖の霊を供養するために行われています。有名なものには、青森のねぶた祭り、大阪の天神祭、京都の祇園祭などがあります。

十五夜

暦がなかった頃、人々は月の満ち欠けで生活のサイクルを計ってきました。旧暦とは、この月の周期がもとになっています。「十五夜」の九月十五日前後は、旧暦の八月十五日で、この日に古来の人々は神に感謝し、収穫したばかりの作物をお供えしました。

【月見団子と里芋】

お供えする月見団子は、一年の月の数だけとされていて、普通は十二個。閏月のある年は十三個お供えするのが決まりです。また、里芋をお供えするのは、十五夜が里芋の収穫祭の性格を持っているからなのです。

酉の市

江戸近郊の農村の収穫祭が、酉の市のはじまりとされています。村の鎮守の鷲神社《おおとりじんじゃ》に鶏を奉納して、収穫に感謝したのです。十一月最初の〝一の酉〟から数え、三巡目の〝三の酉〟まである年は、火事が多いとされています。

【縁起熊手】

酉の市に欠かせない「縁起熊手」は、落ち葉をかき集める熊手が、福をかき集めると信じられたことに由来しています。特に商店では縁起ものとして、大切に飾られてきました。縁起熊手は、年ごとに小さなものから大きなものに買い換えるのが良いとされています。

亥の子の祝い

旧暦の十月、現在の十一月の最初の亥の日に「亥の子餅」を食べる風習です。亥の子餅とは、大豆、小豆、ごま、栗、柿、糖、大角豆の七種類の粉で作った餅で、これを亥の日の亥の刻（午後九時から十一時）に食べると病気をしないと信じられていました。

七五三

医療技術が進歩した現在と違って、子供の死亡率が高かった昔は、子供の無事な成長に今よりも感謝していました。「七五三」は子供の成長を祝う行事。男の子は三歳と五歳、女の子は三歳と七歳に行います。その由来は「髪置」「袴着」「帯解」という儀式からきています。「髪置」はそれまで剃っていた髪を三歳の十一月の吉日に伸ばしはじめる、というもの。「袴着」は男の仲間入りをするための袴を、十一月の吉日に五歳になった男子が初めて身に付ける、という儀式。そして「帯解」は七歳の女子が、それまで紐で着ていた着物を帯を締めて着る儀式。これも十一月の吉日に行われていました。

【千歳飴】

江戸時代の浅草で、平野甚右衛門という飴屋が作ったのが最初とされています。縁起の良い鶴亀や松竹梅などの図柄を描いた袋に入れ、長く練った飴を売り出しました。長い飴は長寿など、やはり縁起の良いことにつながっているため人気が出て、全国に普及しました。

季節ごとに合わせた工夫や日々の暮らしに役立つ知恵

代表的な年中行事だけではなく、私たちの祖先は、一年を通して、その季節を賢く乗り切る知恵を持っていました。現代の暮らしにも役立つ、工夫に満ちた慣習です。

年中行事とも密接に関係がある、暮らしのなかの慣習には、今でも参考になる事柄が数多くあります。それは、神々に感謝することに由来していたり、暦を熟知した上で、その時季の天候の変化などを鋭く分析していた結果だったり、昔の人々の、心のあり方と知恵が混ざり合った、生き方の集大成でもあります。科学が発達した現代においても、この知恵の集大成には、納得出来るものがたくさんあるのです。それどころか、今の私たちが忘れていて、気が付いていない、素晴らしい工夫や方法がたくさんあることに驚かされます。

季節ごとに適した暮らし方。それを大切にすることは、暮らしを快適にするだけでなく、私たちの心も豊かにすることにつながっている気がします。

七草粥

中国の考え方が基盤にある五節句。一月七日は、その「人日の節句」にあたります。この日には、セリ、ナズナ、ゴギョウ、ハコベラ、ホトケノザ、スズナ、スズシロの七草を入れたお粥を食べる慣習があります。これは平安時代に一月七日の朝、無病息災を願って、若菜を摘んで食べた習わしがもとになっている、と考えられています。そして、江戸時代に入ると「人日の節句」に粥を食べることが普及していきました。現在でも、この「七草粥」は、お正月の贅沢な料理で疲れた胃腸を癒すために食されています。

三寒四温

二十四節気のひとつである「雨水」の頃は、ちょうど立春が過ぎ、季節が変わる節目の頃。天気も変わりやすく、あたたかい日もあれば、冬に逆戻りしたかのような、北風が強く吹く寒い一日もあります。この頃、「春一番」と呼ばれる南からの強い風が吹き、寒い日が三日、あたたかな日が四日、というサイクルを繰り返しながら、季節は春に向かっていきます。「三寒四温」はその気候を表す言葉。このサイクルを把握しながら、着る服を考えれば体調管理にも役立つわけです。

お彼岸

春分の日と秋分の日を中日といい、その前後三日を含めた七日を「お彼岸」と呼びます。中日には、昼と夜の長さがほぼ同じになり、春分の日以降は昼の長さが延び、秋分の日以降は逆に短くなります。そして「お彼岸」は、お墓参りをして、先祖の霊を供養するのがしきたりです。「お彼岸」の本来の意味は、極楽浄土のことで、阿弥陀仏が住み、先祖の霊が眠っている場所。そこには悟りがあることから、様々な煩悩から離れ、悟ることを〝彼岸に達する〟と言います。

お墓参り

お彼岸にお墓参りをするのは、太陽が真西に沈むことが理由です。極楽浄土は西にあると考えられてきたので、太陽がそこに交わる日を、この世とあの世を結ぶ日としたのです。極楽浄土に眠る祖先にも、この日が最も気持ちが通じやすいと考えられ、お墓参りをして供養することになりました。だから、この日は先祖に対して感謝の気持ちを込めて拝みましょう。今、自分が存在するのは、先祖の人生があったからこそ。日頃あまり考えない、先人への感謝の念を思い出す日でもあるのです。

虫除けのまじない

四月八日は「花祭り」といって、お釈迦様の誕生を祝うお祭りの日です。ちょうどこの頃は、虫が出はじめる季節。そこで、花祭りの甘茶を使ったおまじないが伝えられました。甘茶を注ぐのは、お釈迦様が生まれたとき九龍が天から降りてきて、香水を浴びせて清めた、という伝説がもとになっていて、「花祭り」ではお釈迦様の仏像に甘茶をかけて拝むのが習わしです。おまじないは、甘茶ですった墨を使い「虫」などと書いて壁や天井に貼っておくと虫除けになる、というもの。効果があるかどうかはさておき、何ともユニークなおまじないです。

一番茶

立春から数えて八十八日目、五月の二日頃、一番茶が摘み取られます。この一番茶は、お茶の木が最も栄養を吸収している時期であるため、当然茶葉にもそれは行き渡り、年間を通して、一番美味しく、また体に良い成分を多く含んでいるのです。だから昔から、一番茶を飲めば病気にならない、と言われています。ちなみに日本茶には、抗ガン作用や口臭・虫歯予防をはじめ、老化防止、抗菌作用、抗毒作用などの効能があると言われています。

菖蒲の効用

端午の節句には、菖蒲がつきもの。この菖蒲にはさまざまな効用があって、いろいろな使われ方がされてきました。まず「菖蒲湯」。菖蒲の葉を風呂に入れると、身を清め、疲労回復に効果があるとされています。「菖蒲枕」は菖蒲を枕の下に敷いて眠れば邪気が払われる、というもの。また「菖蒲打ち」という、束ねた菖蒲を地面に打ち付け、大きな音を立てると縁起が良いという楽しい遊びも。他にも、軒下に吊す、お酒に刻んだ茎を入れる、など、邪気払いとしていろいろな方法が取り入れられてきたようです。

梅雨の過ごし方

ジメジメとした雨の日が続く梅雨。うっとうしいこの季節を上手に過ごすために、昔からの知恵を覚えておきましょう。役に立つのが「お酢」と「炭」です。両方共に除菌作用があることで知られていますが、お酢は、掃除や洗濯など、家事全般に大活躍するマルチアイテム。水・二に対しお酢・一の割合でスプレーを作っておけば、床やタイルなどの掃除、まな板やシンクなどキッチンまわりの除菌にも使えます。また、臭いの気になる場所にスプレーしても消臭効果が得られます。それから炭ですが、こちらもさまざまな効能を持つ優れモノ。湿気を吸収し、嫌な臭いを脱臭する効果があり、なおかつアルカリイオンも出してくれるとか。

お中元とお歳暮

お中元もお歳暮も、もともと季節の変わり目を祝う行事で、神々に供え物をし、人々をもてなしていたことがはじまりです。中国の暦では七月十五日を「中元」といい、罪を懺悔する日として、お詫びの意味で近所に品物を贈る習慣がありました。これが今のお中元の由来です。お歳暮は、お正月の準備に必要なものを贈ったのがそのルーツです。それぞれ贈る時期はお中元が七月初めから十五日まで。お歳暮は十一月下旬から十二月中旬に贈るのが一般的です。

土用干し

「土用」とは立春、立夏、立秋、立冬の前の十八日間のこと。一般的には立秋前の土用、七月二十日前後から立秋までを指します。そして、すっきりと晴れた日に、衣類や書物などの湿気を取るために、風通しの良い場所に干すのが「土用干し」です。また、この頃は梅干し作りに適している時期。ざるに並べた梅を、縁側などで干す光景は、昔の夏の風物詩でした。ひと月前に漬けておいた梅を干すには、三日連続で晴天が続かなければいけないことから、梅雨明けの時期が適しているのです。

打ち水

夏の暑さをしのぐために、昔から伝わる知恵のひとつが「打ち水」です。朝夕に家のまわりに水をまき、地面の温度の上昇を避けると共に、水が蒸発するときの気化熱を利用して温度を下げるという、科学的にも理にかなった方法です。温度にすると一〜二度くらい下がるというデータもあります。昔から日本には水に対してお払いや、みそぎ、などの思想があったことから、水で玄関先を清めることも大切な意味を持っていたのです。昔ながらの知恵ですが、ここ最近は見直されて、各地で行われています。

ゆず湯

冬至を境に寒さが厳しくなってくることから、体をあたためるために「ゆず湯」が普及しました。実際にゆずを絞ったお風呂に入ると、体の芯まで、ポカポカとあたたまります。これはゆずに含まれる成分が、血管を拡張して血行が良くなるからです。また、美肌効果もあるという嬉しいおまけつき。それから、冬至にはカボチャも食べます。こちらも科学的な根拠があるもので、カボチャに含まれるβカロテンが、抵抗力を高めてくれるので、風邪をひきにくくなるとされています。

すす払い

十二月十三日の「すす払い」は、もともとは、新年の五穀豊穣を祈るという宗教的な意味を持つ行事でした。それが江戸時代になって、十三日に年神様をお迎えするための準備として、一年間のすすやホコリを払い、家のなかを掃き清めていたことから、やがて暮れの大掃除という形になったのです。十三日にすす払いを全部済ませると、まだお正月まで少し日にちがあります。そこで、この日は神棚や仏壇のすすを払ってお清めし、二十日までにお餅をつく、そしてお正月飾りの準備、というように計画を立てて、少しずつ進めていくのが本来の大掃除です。年の瀬は何かと忙しいもの。だけど早めに済ませてしまえば、家も気分もすっきり。気持ち良く新年を迎えましょう。

困ったときに助けられる おばあちゃんの知恵を知る

日々の生活から生まれてきた便利で賢い知恵、それを私たちは「おばあちゃんの知恵」と呼んできました。自然にも、そして何より私たちにやさしいアイデア集です。

昔から伝えられてきた、暮らしのなかのさまざまなシーンで役立つ知恵。その素晴らしさは、何よりも実際の生活のなかから生まれてきたアイデアであることです。科学的な根拠を知らなくても、昔の主婦たちは、便利で役に立つことを自らの家事のなかで実験し、その確かさを学んできました。私たちは、便利過ぎる時代に生まれ育ち、過去に先輩たちが実証してくれた、そういう素晴らしい知恵を忘れかけています。彼女たちが考え出したアイデアは、困ったことを解決してくれ、そして環境にもやさしい。こんな素敵なアイデアだからこそ、もう一度、暮らしのなかに取り入れてみましょう。

「床掃除」

野菜のゆで汁、米のとぎ汁、そして古くなった牛乳におから。これらすべてが、掃除に役立ってくれます。ほうれん草など、野菜をゆでた汁でフローリングの床を拭くとピカピカに。また金属のサビも、このゆで汁で落とせます。古い牛乳（新しいのはダメ）にはワックス効果があり、米のとぎ汁でも同じ効果があります。とぎ汁の方は臭いもないので、二度拭きの手間も省けます。おからや茶がらでも、ツヤ出し効果は十分。飲み終わったお茶を布に包んで、サッサッと拭き掃除。こんなふうに手軽にすぐ出来ることが、掃除をがんばれるコツでもあります。

「重曹を使って家ごとリフレッシュ」

重曹は便利にいろいろ使える万能選手。住まいの洗剤、食器洗い、そしてスキンケア、もちろん料理にだって使えます。これだけマルチに使えるものは他にないかもしれません。環境にも人体にもやさしい素材だから、安心して使えるのも魅力です。洗剤として使うときは、そのまま振りかけても良いし、水に溶かしてスプレーにしても良い。臭い取りとして使うときは、カップなどにそのまま入れておくだけ。簡単なスキンケアとして、入浴剤代わりに重曹を使うのもOK。肌に潤いが残ってしっとりするし、洗浄効果もあるので、汚れも臭いもきれいサッパリ。それにそのお湯でバスタブをこすれば、お掃除も楽に終了、と本当に良いことずくめ。重曹だけの使い方の本がたくさん出ているのを見ても、幅広く使えることがわかります。

「タンスの臭い取り」

コートやジャケットなど、一度身に付けた衣類をそのまましまっておくと、タンスに臭いがこもってしまうことがあります。そんなときに便利なのが、牛乳を使った臭い取り。コップなどの容器に沸騰した牛乳を用意。それをタンスに入れ、戸を閉めてそのまま待ちます。牛乳が冷めた頃には臭いも消えている、という魔法みたいな知恵。他にも炭やお茶なども効果的。炭は皿などに置き、タンスに入れておきましょう。お茶は、古くなってしまった茶葉を利用すると経済的です。布に包んでサシェを作れば、チェストの引き出しにも使えます。また、番茶の出がらしをフライパンなどでいぶし、器などに入れて食器棚に入れておくと臭いをとることが出来ます。

「お米の保存」

日本人にとって、お米はやっぱり食事の基本。だから、いつでも美味しいお米をいただきたいものです。お米は精米してから時間がたつと、古くなってしまい味も落ちます。購入するときは、なるべく少量で、が基本です。買ったお米は二週間程度で食べきることを目安にしましょう。そして、保存するときは、ビニールから出すこと。入れたままでは蒸れてしまって、味が落ちる原因になります。必ず米びつへ移し替えて、赤唐辛子を二～三本入れます。これで、虫除けの効果があります。

「魚の調理」

魚をおいしくするために、料理の前の下ごしらえにひと工夫。例えば、塩気のきつい鮭やタラなどは「呼び塩」と呼ばれる塩水に漬ける方法で、このとき一緒に茶がらを入れれば、旨味を損なわずに塩分だけをカット出来ます。それから、魚のうろこ取りには大根の切れ端を利用。魚の表面に当ててこすれば、身を傷めることもありません。

「ジャガイモの皮を活用」

天ぷらなどを揚げた油が、濁ってしまい、臭いがするときは、ジャガイモの皮が役立ちます。ジャガイモの皮を素揚げするだけ。こんなに簡単なのに汚れも臭いも吸い取って、油をきれいにしてくれるのです。またジャガイモは臭い取りとしても優れていて、輪切りにしたものを食器棚に入れておけば消臭効果が得られます。

「砂糖を活用」

お砂糖には食べものの腐敗を防ぐ作用があります。例えば手作りジャム。保存料が入っていないため、すぐに食べてしまわないとカビが生えたりしてしまいます。使うたびに、ジャムの表面に砂糖をひとふりしておきます。こうすると新鮮さを保つことが出来るのです。また、切り花の水にも少量の砂糖を溶かしておきましょう。水の鮮度を保つことで、花も長持ちしてくれます。

「貝の砂出し」

アサリやしじみといった貝類。とてもおいしいけれど、砂出しが不完全だと、あのジャリッとした食感がせっかくの味を台無しにしてしまいます。おいしく食べるには、時間が必要。ひと晩塩水に漬けておくことが大切です。釘や包丁など鉄分を含んだものを一緒に漬けておくと、さらに効果的。塩の分量は、水一リットルに対し、塩小さじ二杯を目安に。

「包丁の手入れ」

切れなくなった包丁を使うのは、素材の味にも影響してくるので、まめに研ぐことが大切です。砥石を使うのが一番ですが、簡単な応急処置として研げる方法があります。まずは茶碗の底、糸底のざらざらした部分で研げるのです。次にアルミ箔。何回か折りたたんだアルミ箔を数回切るだけで切れ味が戻ります。それから大根のへたに磨き粉をつけてこする、こうすると切れ味が良くなり、サビを防止することも出来ます。どれもとても簡単ですから、料理の最中に切れ味が悪いと感じたらぜひ試してみてください。

「グラスの手入れ」

曇っているグラスは、清潔感に欠けるもの。いつもピカピカにしておきましょう。キッチンクロスで磨き上げるよりも、簡単に出来る知恵をご紹介しましょう。お酢かレモンを使えばアッという間にきれいになります。カットグラスの場合、特にこの方法がおすすめ。カットの溝についた汚れも、お酢かレモンをつけた歯ブラシでこすれば大丈夫。少量の塩を混ぜることで、よりきれいに仕上がります。

「調理道具の手入れ」

鍋に、魚などの臭いがしみ込んでしまったときは、茶がらの出番です。鍋を一度洗った後、水と茶がらを入れて煮立たせます。冷めた頃には臭いも取れているはず。頑固な臭いには、ひと晩そのまま置いておきましょう。フライパンを焦げつかせてしまったら、卵の殻を細かく砕き、フライパンに入れ、そのままタワシでこすります。鍋を焦がしたときは、お湯を入れてしばらく煮立たせ、焦げつきが浮き上がってきたら木べらでこすり落とすのがおすすめ。それでも取れない場合は、お酢を使います。お湯にお酢を入れて煮立たせ、冷めてからスポンジでこすってみてください。それから、アルミ鍋の黒ずみには、リンゴの皮が効果的。リンゴの皮を煮つめるだけできれいになります。

「ニットの手入れ」

大切にしたいお気に入りのニット。でも着ているうちに、ほつれてきたり、伸びてしまったり。そんなときも適切なケアで、もとに近い状態に戻せるのです。まず、ほころびにはナイロンストッキング。伝線してしまったストッキングを切って糸を取り、ほころびをつくろえば、伸縮性のおかげでつれることもありません。伸びてしまった袖口や襟まわりには、アイロンで蒸気を当てて、その後はしっかり自然乾燥させます。またウールの場合、全体にシワがあるときは、お風呂の湯気が効果的。バスルームに十五分ほど吊しておきましょう。そして縮んでしまったウールには、アンモニアが効きます。タライに水を張り、そこに数滴のアンモニアをたらします。軽く引っ張りながら形を整えましょう。

「服の色落ちを防ぐ」

何度も洗濯をくり返していると、どうしても色柄モノの服は色落ちしてしまいます。色の濃い綿や麻素材の場合、洗剤と一緒にお酢を入れて洗濯すると色落ちが防げます。また、すすぎ洗いの最後に大さじ一杯程度のビールを入れると、トリートメント効果を発揮して褪せた色がハッキリしてきます。

「黒や紺の服のゴミを取る」

黒や紺の服は、どうしても白っぽいゴミが目立ってしまいます。ブラシで取るのもいいですが、スポンジも役立ちます。乾いたスポンジで軽く服の表面を撫でるだけ。

「日本酒を活用」

植え替えをした直後に弱ってしまった鉢植えの植物には、何と日本酒が効くのです。スプレー容器などに入れた日本酒を、植物全体にまんべんなく吹き付けます。これで元気を取り戻してくれます。

「キャンドルの使い方」

キャンドルを灯す前に、ちょっとした裏技を使ってみましょう。キャンドルを塩水に漬けておくだけ、後は、しっかり乾かします。こうしておけばロウの落ちが少なくなる、という不思議な知恵です。

「油絵のケア」

飾っている油絵が、何となくくすんでしまったら、切ったジャガイモの表面で軽く、細かく丁寧に拭き、乾いたら粉を払います。色彩が鮮やかに戻ります。

「家具選び」

木製の家具を選ぶなら、雨の日に出かけましょう。木は湿気の影響を受けやすいからです。扉や引き出しの開閉をチェックして、歪んでいないか確認しましょう。特にアンティーク家具などは、念入りに。メンテナンスが十分にされていないと、がたつきや引き出しの引っかかりの原因になります。使い勝手が悪くなってしまえば、道具としての役目も果たせません。

参考文献
『和の暮らしが楽しい！ おうち歳時記』（成美堂出版）
『三省堂年中行事事典』（三省堂）
『日本人のしきたり』（青春出版社）
『別冊宝島1088号　おばあちゃんの知恵袋』（宝島社）

コラム

父の書斎に忍び込んだこと

前川睦夫

前川嘉男の書斎は、刺激に満ちた探検場所だった。

幼い頃、父は国内外を飛び回っていて、不在が多かった。母はオートクチュールもやっている洋品店を営み、家族を支えていた。姉は五歳年上で、面倒を見てくれたが、不意にどこかに出かけることもあった。誰もいない時間、暇を持て余した私は、度々父の書斎を探検した。

扉を開けると、薄暗い部屋に書物の匂いが満ちていた。壁一面に並ぶ本と雑誌、北欧パインのデスクには、黒くて太い万年筆と書きかけの原稿用紙、京都イノダコーヒの灰皿などが雑然と置かれていた。

最初の頃は、絵や写真の多い雑誌を見つけて、パラパラめくっていた。『血と薔薇』の中に、矢に射貫かれた三島由紀夫の写真がありびっくりした(幼い私は、彼を役者か、あるいは変わったヌードモデルだと思っていた)。

他にも、『奇想天外』や『話の特集』の表紙やイラスト、写真を眺めていた(これらの雑誌で活躍していた、澁澤龍彥、筒井康隆、横尾忠則、植草甚一などには、本を読むようになってから再び関心を持つようになった)。

少し大きくなると、横文字の書物なども手に取るようになった。勿論意味はわからなかったが、ビアズリーの挿絵や駒井哲郎の銅版画などが印象に残っている。思春期になると、アメリカのカウンター・カルチャー（ビートニク、ヒッピー、フラワーチルドレン）の本を読んだり、パリ五月革命の中心にいたダニエル・コーンバンディの手記を読んだ（勿論翻訳で）。おかげで、中学高校の頃は変人だと思われていたようだ。

書斎を物色することは、父の頭の中を探検することだった。そこには、ファミリーブティック「私の部屋」を作った大小のかけらがあったり、もっと風変わりで個人的な興味の対象が散らばっていた。私が書斎に出入りしていたことを父は知っていて面白がっていたのかもしれない。父が書きものをしている時には、書斎に入ることはできなかったし、声をかけられることも嫌がっていた。しかし誰かに何かを発見されることを望んでいたのだと思う。

今でも父の書斎に忍び込む夢を見る。学校から戻った夕暮れどきの静かな時間。本に囲まれた狭い部屋で、初めて見る父のかけらが輝いている。今も私は、父の書斎に忍び込む機会をうかがっている。

［まえかわ・むつお／
㈱私の部屋リビング代表取締役社長］

第3章

コンパクトに暮らす

日本の住環境を考えると、余裕のあるスペースを確保するのは、ほとんどの場合難しいのが現実です。でも、狭いことを嘆いていても、生活はいつまでたっても快適にはなりません。小さなスペースでも工夫することで、思いがけない余裕が生まれることだってあるのです。例えば、船家具。船という限られた小さな空間のなかで暮らすために、コンパクトで、しかも使い勝手が良いように、さまざまな工夫がほどこされています。狭いスペースに置くのなら、そんな工夫のある家具が便利です。この章では、その船家具にヒントを得て作られたキャトル・セゾンの家具を使い、小さなスペースで快適に暮らすための空間作りにチャレンジしてみました。

リビングの主役、ソファの配置

ソファを部屋の間仕切りにしてみると、
もうひとつ、プライベートスペースが出来上がり。

ソファは壁際に置くモノ、という固定観念にとらわれがちですが、空間を多様に使いたいのなら、部屋の中心に配置するのもひとつのアイデアです。ソファはボリュームのある家具なので、間仕切りとして活用することも出来ます。小さくてもプライベートなスペースを作れば、趣味の世界も広がるかもしれません。ソファは壁に平行に置くよりも、斜め置きした方が圧迫感を軽減することが出来て、インテリアとして新鮮なバランスが楽しめます。

標本箱のように楽しむテーブル

リビングテーブルはディスプレイも楽しめる、
コレクションテーブルがおすすめです。

リビングは、言ってみれば家の顔にあたります。生活感をなるべく抑えて、インテリアを楽しむための空間でありたいもの。モノを整理して、スッキリとした印象にするのはもちろん大切ですが、殺風景過ぎるのも楽しさが感じられず、冷たい雰囲気になってしまいがち。コレクションテーブルなど、飾るための工夫がある家具を選ぶのもひとつの方法。標本箱のように、テーマを決めてモノをコラージュしてみましょう。

積み木のような収納家具

キューブタイプの収納ボックスを組み合わせ、
自由自在に形を変えるオリジナルキャビネット。

収納家具はそれぞれの片付けたいモノによって、賢く選ぶことが大切です。見せたくないモノ、飾っておきたいモノ、それによって選ぶ基準は変わってきます。大概はそのどちらもが混在しているはずですから、フレキシブルに組み合わせることが出来るキューブタイプの収納家具が便利です。見せたくないモノは扉付き、飾りたいモノはオープン棚へ。並べたり重ねたりが自由自在に出来るので、狭い部屋のちょっとのスペースでも大丈夫。

[右上] ベーシックソファ ヌード (160 × 85 × H83) ¥115,500 ／ソファカバー アイボリー (別売) 全 14 色 各¥51,450　[右下] トレイテーブル (52 × 38 × H62〈32〉) ¥27,300 ／ORキッチンスツールSS(30.3×30.3×SH39) ¥7,140／スツールサックSS ¥2,100／シェリ シェルフ 3 (約34×33×H120) ¥25,725／リネンシェードランプ フロアー(φ 26 × H133 40W) ¥10,290　[左上]コレクションセンターテーブル(90 × 50 × H40) ¥60,900　[左下]レスパス ガラス扉左開き(39.6 × 31 × H39.4) ¥30,450 ／レスパス ローボードダブル(79 × 29 × H19.7) ¥30,450 ／レスパス オープン(39.6 × 29 × H39.4) ¥23,100 ／レスパス 引き出し(39.6 × 31 × H39.4) ¥33,600 ／レスパス 板扉左開き(39.6 × 31 × H39.4) ¥31,500 ／リネンシェードランプ テーブル (φ 26 × H43 40W) ¥7,140 ／エコルス バスケット M (28 × 33 × H15) ¥2,520　すべてキャトル・セゾン

使い方、置き方の工夫

細長いダイニングテーブルをT字に置いてみる、狭いDKに家族がゆったり座れる空間を作る。

例えば夫婦ふたりなら、小さめのテーブルひとつで事足ります。でも家族が増えたとき、そしてお客様をお招きしたとき、そのテーブルでは心もとない。そこで発想の転換をしてみます。狭いDKにも無理なく大きなテーブルを置くアイデア。細長いテーブルの組み合わせなら置き方次第で、無理なく5〜6人が座れるテーブルが作れるのです。写真のようにT字に配置。カウンター感覚で新鮮さもあり、ひとり分のスペースも意外と余裕があります。

ワゴンはもうひとつのテーブル

移動が便利なキッチンワゴンをサイドテーブルに、おもてなしをスムーズにするアイデアです。

お客様をお招きしたとき、料理の準備や食器の上げ下げなど、なかなかゆっくりとテーブルにつけないときがあります。でもそれでは、せっかくのゲストとの時間が台無しです。ホステスとして、お客様とゆっくり会話を楽しんだり、くつろいでこそお招きした意味があります。だから、必要なモノはあらかじめワゴンにセットしておきましょう。もうひとつのサイドテーブルとして、ワゴンはとても便利。キャスター付きで移動も楽です。

小さな調理台でキッチンに余裕

小さめのフォールディングテーブルがあれば、キッチンスペースに余裕がなくても大丈夫。

小さめのキッチンでは、調理スペースにも余裕がなく料理がしづらいこともあります。そんなとき、折りたたみ式の小さなテーブルがあるととても重宝します。下ごしらえした素材や、調味料などをひとまとめにして置いたり、手早く料理するには、そういうスペースが必要。もちろん使わないときは、たたんでしまっておけば場所もとらず、邪魔になりません。狭い空間では、折りたためたり、形を変えたり、そんなフレキシブルさが大切です。

[右] レスパス テーブル（150 × 40 × H73）¥63,000　R+R チェアー（36 × 47 × H76.5〈SH44〉）¥33,600　[左上] クッキングワゴン（84 × 38.5 × H83.5）¥25,200
[左下] OR キッチンスツール S（30.3 × 30.3 × SH61）¥10,290／スツールサック S ¥2,310／シェリ フォールディングカフェテーブル（約 45 × 30 × H67）¥20,475
すべてキャトル・セゾン

コンパクトなデスク

仕事にも趣味にも使える自分だけのデスク。
そんな家具があるだけでひとりの時間が充実します。

たとえ小さな空間であったとしても、自分だけの時間を持つことが出来る場所があるのは大切なことです。忙しい日常から、ほんの少し離れてみる。それが心の余裕やリラックスにつながるはずです。コンパクトなデスクには、厳選した本当に必要なモノだけを置きましょう。そこに座ると、それまでの自分をリセット出来て､素の自分に戻れるように。ここでは、本を読んだり、手紙を書いたり、何かを創作したり、思いのままに過ごしてみましょう。

清潔感のあるサニタリー

ナチュラルトーンで統一したサニタリーで、
毎日頑張っている体のケアやグルーミングを。

スキンケアやグルーミング、体を清潔に保つために毎日繰り返す作業は、自分や家族の体を健やかに維持するために必要不可欠なことです。だから、バスルームやサニタリースペースを気持ち良く整えておくことは、とても大事。飾り立てるのではなく、あくまでも清潔感を重視しましょう。この場所が汚れていたり散らかっているのは、普段の生活のバランスを乱す原因になります。モノが多いスペースでもあるので色の氾濫にもご注意を。

[右上] コンパクトテーブル（82 × 50 × H73）￥72,450／レスパス オープン（39.6 × 29 × H39.4）￥23,100　[右下] OR フレームミラー（60 × 8.1 × H60）￥19,950／コンソールテーブル（80 × 30 × H83）￥48,300／OR キッチンスツール S（30.3 × 30.3 × SH61）￥10,290／オープンシェルフ 90NT（90 × 28 × H85）￥50,400／シェリ フロアーランプ（約 φ 37 × H150 60W）￥30,975　[左] タオルラック（95 × 37 × H81）￥16,275／OR スタンドミラー（36 × 3 × H165）￥35,700／トランク S（約 50 × 35 × H35）￥14,700／トランク M（約 60 × 43 × H40）￥18,900／パーソナルハンガーラック（107.8 × 3.4 × H167.2）￥38,325／オットマン ヌード（55 × 55 × H41）￥42,000／オットマンカバー アイボリー（別売）全 14 色 各￥15,750　すべてキャトル・セゾン

ワンコーナーに更衣室

ファッションチェックも抜かりなくするために、
プライベートルームに、簡単な更衣室を作る。

インテリアだけでなく、毎日のファッションにも手は抜けません。自分らしい装いを大切にしたいから、オリジナリティのある着こなしを心がけたいものです。ワードローブをフルに活用するために、必要なものはワンコーナーにひとまとめ。パーテーションにもなるハンガースタンドを利用して、簡単な更衣室を作ってみました。タオルハンガーには、よく着るTシャツやパンツをかけて、シーズンオフの服は柳の収納ボックスに。

第4章

「私の部屋」を探す旅

〝ファミリーブティック「私の部屋」〟の創業当時から、ショップとしてのイメージは、フランスにある商店をお手本にしたそうです。そして「キャトル・セゾン」も、残念ながら現在はありませんが、もともとはパリに本店がありました。フランスという国が持つ独特の魅力。それは私たち日本人にとって、昔も今も憧れの対象であることは変わりません。モードに映画にアート、それにおいしい料理。どれをとっても、素敵なモノがたくさんつまっているからです。特に、ひと昔前のフランスに抱く思いは、また格別なものがあります。そのノスタルジックでロマンチックなイメージ。その憧れのイメージを求め、パリ、そしてアルザスの旅へ。

FRANCE
Paris, Alsace

「私の部屋」にとってそうであるように、私自身にとってもフランスは特別な国です。子供の頃、外国、という言葉から、まっ先に連想するのはフランスでした。きれいで可愛いモノがたくさんあふれている国。普通の女の子にとって、それは憧れないではいられない対象です。たぶん、今もその憧れのイメージは、そのまま変わらず私のなかにあると思います。

初めてのフランスは、今から二十年くらい前、友達と一緒のパリ。興奮してドキドキして、格安チケットのエアーだったから二十時間くらいかかって、その機内で、ガイド本を何度も読み直し、一睡もしないで降り立ったシャルル・ド・ゴール空港。到着したその日から、疲れも知らずにとにかく歩き回り、ブティックにカフェ、パン屋に花屋、そして美術館と、飢えたようにパリを吸収しようとしていたのを覚えています。それから、何度となく訪れたパリ。そして今回、もう一度その憧れのルーツを探しに行くことにしました。

テーマは「ノスタルジックとロマンチック」。言葉にすると、少々照れくさい感じですが、私たちが、フランスに抱いているイメージの核心だと思うのです。考えてみるとそのキーワードは、雑誌『私の部屋』の創刊の頃にもあてはまります。きっとこのテーマは、私たちにとって永遠です。ずっと大切にしたい心の奥にあるものを探しに、パリの街を歩き、そしてノスタルジックな雰囲気が今も多く残るアルザス地方を訪ねることにしました。そこに待っていてくれる、人やモノ、そして風景から、今回のテーマの真髄を教えてもらうために。そしてそれを持ち帰って、明日からの暮らしにもうひとつ豊かな何かをプラス出来るように。

Paris

パリ

いつ訪れても、変わらぬ魅力を持った街、パリ。20年前も、現在も、ここにある基本は変わっていません。流行りのショップが入れ替わっていても、それに振り回されない確かな価値観がこの街にはあります。いつも素敵な大人の街です。

75, Avenue des Champs Elysées 75008 Paris
tel 01 40 75 08 75

LADURÉE

パリでも屈指のスイーツの殿堂
甘い夢心地のときを過ごす
極上の味を伝統と共にいただきます

パリに着いたら、どこよりもまっ先に駆けつけたい。私にとってそういう存在の「LADURÉE」は、魅惑のパティスリーです。その創業は何と 1862 年。初めはパン屋として開店したこの店は、1871 年の火事によりパティスリーとして生まれ変わったのだそうです。以来、サロン・ド・テをパリで最初に作るなど、フランスの食文化に大きな影響を与え続けてきました。特に有名なマカロンは、外はカリッ、なかはしっとりしていて、とにかく絶品です。そして、このマカロンには毎シーズン、イメージに合わせた香水も作られているのです。世界広しといえども、マカロンのために香水まで創作してしまうお店なんて、おそらくここ以外にはないでしょう。そして、ぜひとも手に入れたいのがクッキーやマカロンを入れてくれる箱。上の写真にもありますが、とびきりキュートなのです。シーズンごとにこの箱も新作が登場するらしいので楽しみです。パリのお土産に。

Café de Flore

言わずと知れたカフェの名門
昔も今もその姿勢は変わらずにある
パリを語るのに欠かせない存在

前川嘉男氏にとって、このカフェは、パリ滞在に必要不可欠なものだと聞きました。あまりにも有名で、観光スポットでもあるこの店に前川氏が通うのは、少し不思議な気がしていました。でも、どこにそれだけの魅力があるのか、あらためて訪れてみてわかった気がしたのです。ギャルソンが本当にプロであること、そして供される食べもの、飲みもの、すべてがまっとうにおいしいこと。特別変わったことをしているわけではないけれど、カフェとしての基本にこれほど忠実で、それを守り通している店は、パリといえどもそうそう見つからないはずです。氏がこの店を愛する理由は、成熟したパリの大人たちにも共通していました。素敵な大人がたくさんいるカフェです。

172, Boulevard St-Germain 75006 Paris
tel 01 45 48 55 26

A LA MÉRE DE FAMILLE

昔から親しまれてきた
懐かしさいっぱいの食料品店
フランスの庶民の味を守ります

35, rue du Faubourg Montmartre
75009 Paris
tel 01 47 70 83 69
http://www.lameredefamille.com

パリの街を歩いていると、古き良きものにたくさん出会えます。そのなかのひとつに、こんな昔ながらの食料品店があります。日本で言えば駄菓子屋と食料品店がひとつになった感じ。子供たちからおばあちゃんまで、一日に何度も買いものに来るような、親しみのあるお店です。売られているのは、チョコレートにキャンディー、ジャムにワインなど。フランスの人々にとっての普段の味がここに集まっているのです。創業は 1761 年、ずっとこの街で愛されてきました。もちろんこれからも、それは変わることはないでしょう。チョコレートやキャンディーなどは、ひと粒から買うことが出来ます。

a. simon

業務用食器を探すならここへ
パリそして世界のレストランの
テーブルと厨房を支え続けてきた老舗

日本で言えば合羽橋にあるような、いわゆる業務用の食器から調理器具までを扱うショップです。店構えは、普通の商店といった印象なのですが、そこはパリ、やっぱり歴史が違います。創業は1884年、もう100年以上もフランスのレストランの厨房を支えてきました。得意としているのは白の食器。創業当時は白い食器の専門店だったのだそう。今もその種類は豊富で、あらゆるニーズに対応出来る品揃えを誇ります。日本からの注文も多いそうで、最小ロットである300を注文すれば、オリジナルを製作することも可能です。もちろん、一般客にも販売していて、フォーク1本から購入することが出来ます。なかにはお買い得品もあるので要チェック。

48 et 52, rue Montmartre 75002 Paris
tel 01 42 33 71 65
http://www.simon-a.com

L'HEURE BLEUE

フランスの田舎をイメージした
通好みのセレクトは
パリのなかでも注目の存在

フランス語で豊かな生活を表す、"Art de vivre（アール ドヴィーヴル）"という言葉があります。このショップはそれをテーマにしていて、日常生活を豊かにするアイテムが揃っています。扱っているのは19世紀頃のアンティーク。大人っぽく、シックでシンプルなモノが多いのが特徴。日本でも、今こういったアンティークが大人気。暮らしのなかで実際に使いこなせる、グレと呼ばれる素朴な陶器、そして麻素材のテーブルクロス、それにレースのブラウスなど、ほしいモノでいっぱい。パリのアンティークショップのなかでも、特に魅力的なお店です。

17, rue St-Roch 75001 Paris
tel 01 42 60 23 22

Fuchsia Dentelles

ため息がでるほど美しい
ヨーロッパ各地のレースを集めた
宝石箱のようにまばゆいショップ

レースと刺繍、この手工芸ほど女性を虜にするモノは他にないかもしれません。それは宝石にも匹敵する魅力があるからです。「Fuchsia Dentelles」は、アンティークのレースと刺繍専門店。19世紀頃のモノを中心に扱っていて、アイテムはブラウス、ストール、ドレス、それにテーブルクロスと、幅広く揃っているのが嬉しい。コンディションの良いものしか扱っていないので、パリだけでなく世界中にファンがいるのだそうです。フランスのモード雑誌への商品の提供も多いこのショップ。そのことでも信頼の位置付けがわかります。

2 rue de l'Avé Maria
75004　Paris
tel 01 48 04 75 61

AU PETIT BONHEUR LA CHANCE

私たちが思い描く
懐かしくて可愛いフランス
そのイメージをそのまま形に

例えば映画『アメリ』の世界。私たちがフランスを思い描くとき、そんな世界が一番ピッタリする気がします。このショップのオーナー、マリア・ピア・ヴァルニエさんにとっても、そのイメージはノスタルジーにあふれる、フランスの思い出そのものなのです。彼女は、子供の頃のおばあちゃんの家、そして家族で過ごしたヴァカンス、そういう胸がキュンとなるような思い出たちを、このショップに閉じ込めました。置いてあるのは 1900 年～ 1960 年頃のモノが中心。ホウロウのポットにキャニスター、麻のトーション（ふきん）、それに子供のための文房具。どれもこれも可愛くて、まさに垂涎モノの宝庫です。雑貨が好きな人には、一番のおすすめショップ。

Village St Paul-13, rue de St Paul 75004 Paris
tel 01 42 74 36 38

36, rue Faidherbe 75011 Paris
tel 01 43 72 99 09
http://www.lacroixetlamaniere.com

La Croix & La Manière

アルザスの布を扱うショップでは
フランスならではのエスプリがある
刺繍や手芸の教室も

この店のマダム、モニック・リヨネさんはパリでも有名な手芸家。雑誌『マリ・クレール イデー』や『マダム・フィガロ』などで、作品を企画し制作もしている方なのです。ショップでは、マダムの素晴らしい作品を見ることが出来ます。簡単に作れる作品のキットも販売していて、作り方をその場で教えてもらうことも出来るから（フランス語で）、手芸好きな人にはおすすめです。アルザスのケルシュ（麻の織物）はメーター単位で販売。その他に、可愛い刺繍がほどこされた、クッションカバーやタオルなどの商品もあります。

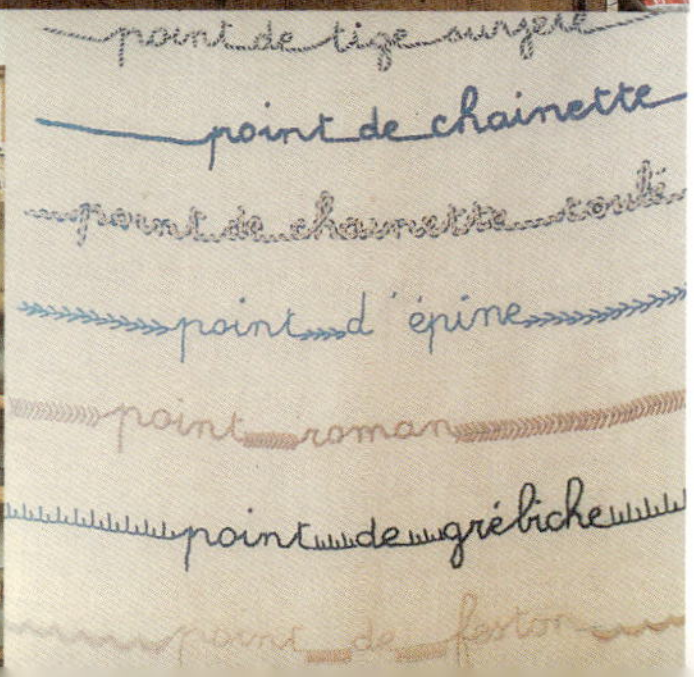

68, galerie Vivienne 75002 Paris
tel 01 42 60 59 97

Si Tu Veux

パリのママンが選んだ玩具には
子供たちの健やかな夢を育む
優しさと懐かしさがあふれています

いくつかあるパリのパッサージュでも、特に美しい「ギャラリー・ヴィヴィエンヌ」のなかにある「Si Tu Veux」。玩具の専門店として、パリの子供たちに夢を与えているショップです。お店の目印にもなっているテディベアの大きな看板は、オーナーのマドレーヌ・ドゥニさんのコレクションからヒントを得たものなのだそう。ショップの2階には、そんなコレクションのテディベアが勢揃いして、お客様をお出迎え。ここで扱っている玩具は、すべて彼女がセレクトしたモノで、遊びながら社会生活を学べるような、楽しくてためになるモノばかり。「母親として、本当に与えたいモノだけを集めているのよ」と語ってくれました。

CALLIGRANE

紙と紙製品の専門店
繊細な感性で選ばれた逸品は
大人のためのステイタス

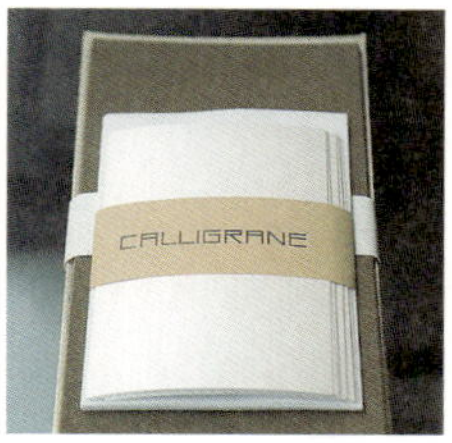

今や日常の伝達事項だけでなく、大切な気持ちのやり取りまでメールで済ませることが普通になりつつあります。でも、それに殺伐たるものを感じている人もきっと多いはず。手紙という手段は、こんな時代だからこそ贅沢で人の心に届く存在なのかもしれません。このショップの商品は、そんな贅沢さを楽しむための紙製品。レターセットの紙はごくシンプルな白と生成、そしてベージュのみ。でもその質感はそれぞれ微妙に違っています。その細かな違いをセレクト出来るのが大人だということを教えてくれる、パリらしいエスプリのあるショップ。

4-6, rue du Pont Louis Philippe 75004 Paris
tel 01 48 04 31 89

Le Prince Jardinier

由緒正しいフランスの伝統を伝える
ブルジョワジーによる庭道具専門店
カジュアルでも格式のあるグッズの数々

117-121, Arcades Valois
75001 Paris
tel 01 42 60 37 13

"庭師の王子"、その名の通りここはフランスの由緒ある王家の血を引く、ルイ・アルベール・ド・ブルイユ氏が経営するガーデングッズ専門店。郊外に城を所有する氏は、自らも広大な庭でトマトを栽培。自然保護の大切さを人々に実感してもらうために、その庭を開放しているのです。パリの人々にもそのことを感じてもらうため、このショップをオープンしました。商品のほとんどがオリジナルで、家紋をモチーフにしたマークが入っています。本格派なガーデングッズの他に、トートバッグやガーデンウェアなども揃います。

自由さを輝きに、演技に情熱を

暮らすことすべてが表現につながる
だから、毎日をクリエイティブに過ごす
演劇に魅せられたパリジェンヌの日々

小さなアパルトマンでも、住み心地のよさそうな工夫が随所に見られるインテリアが素敵。私たちが訪ねたとき、テーブルにはすでにおいしそうなフルーツやお菓子が用意されていました。色を巧みに使いこなす鋭いセンスが、その装いにも、テーブルセッティングにも表現されています。格好良い、パリジェンヌの代表。

仕事用のポートレート、それに今まで演じた舞台の台本などなど。仕事について語るときの彼女は情熱的で、そしてとても真剣です。どれだけ演劇を愛しているか、そしてそれに人生を賭けているか。熱く語っているその姿は、とても美しく、そして人を惹きつけるオーラにあふれています。

自分を信じる勇気を持つこと

その部屋のドアを開けるやいなや、まるで満開の花のような笑顔の女性が現れました。彼女の名前はアニエス・アダムさん。女優業を天職と語るその人は、部屋いっぱいにオーラを振りまいて、私たちをたちまち虜にしてしまったのです。言葉が通じないことなんて、彼女にとっては何の問題でもないかのように、ジェスチャーを交え、とにかく賑やかに話しかけてくれます。

「私、日本に行ったことがあるのよ。もちろん仕事でね。舞台に立つのはどこでもホントに楽しくてハッピーな体験なの。日本では毎日夜遊びもして、ほとんど寝てなんかいられなかったわ。友達もたくさんできたのよ」と、エキサイティングだった東京での体験を語ります。彼女が出演したその舞台とは『セツアンの善人』。オーディションを受けて、勝ち取った役柄を積極的に演じたことで、言葉の壁を越え、周囲の信頼と友情を得ました。この経験は彼女にとって大きな自信になったことは言うまでもありません。

失敗を恐れずに、常に前向きに自分を信じて行動する。そういう姿を目の当たりにするのは、誰にとっても勇気を与えられ、共にチャレンジしたくなる気持ちにさせられるもの。アニエスさんには、そういう天性の素質があると感じます。話を聞いているこちらまで、そのパワーをもらい元気になってしまうのですから。

自由さとオリジナリティ

そして彼女を見ていると、自由さ、ということの素晴らしさも感じるのです。誰のためでもない自分のための人生。そのために日常のさまざまなもの事を工夫して、オリジナリティを楽しんでいる。それが自然に身に付いていることの素晴らしさ。誰かを真似たわけではない、自らの経験からチョイスされた心地いい感覚。それをインテリアにも、テーブルセッティングでも絶妙に表現していてホントに素敵のひと言なのです。このセンスこそ、きっと彼女の財産。そしてそれがあるから、彼女は女優として輝き続けるのでしょう。

演劇に関する本、旅の本、そして小説、本から得られるイマジネーションが、表現者であるアニエスさんに大きな影響を与えています。壁にオブジェのように作られた本棚には、写真やお気に入りの小物などがバランス良くディスプレイされていて、ここだけでも一枚の絵のようです。こういう感覚はぜひ参考にしたいもの。

アニエス・アダムさん。パリを拠点に各地で舞台を踏む女優。レンヌにある演劇学校で学んだ後、ミラノにある名門「ピコロテアトル」劇団で研究生となり、役者としての基礎に磨きをかけました。現在は、女優業はもちろん、演出の勉強もしていて、将来は演出家としても演劇に関わりたいと夢を語ってくれました。

低く暮らすスタイルだから、高さのあるテーブルなどは、なるべく部屋に持ち込まないアニエスさん。リビングスペースに置かれているのは厚みのある木製のトレー。真四角なフォルムが床に置いてあるだけで、まるでアートのように見えるのです。この上にお茶などを置いて、床に座ってくつろぎます。

インテリアのテーマは「ZEN」。それを表現するために置かれている、低い足付きのトレー。その上にはさり気なく生けられた、植物と蓮の花の造花が。ごてごてと飾り立てるのではなく、間を大切にして飾れるのがインテリア上級者の証。アニエスさんのようにテーマを決めて部屋を飾ることは大切なポイントです。

モダンとナチュラル、そして静謐な雰囲気を持つ「ZEN」スタイルの小物を上手にミックスしている部屋作りは、このままインテリアの参考書になります。色の統一、そして選び抜かれた少数の家具と小物。自分がどういう空間に住みたいかが、きちんと把握されている証拠です。余計なモノを持ち込まない潔さが大切。

テーマが「ZEN」なので、家具も低いモノが中心。コンパクトなアパルトマンでは低く暮らすことは大正解。特にベッドのようなボリュームのある家具は、低くすることで圧迫感を軽減することが出来ます。壁に一列に並べて飾ったオブジェも素敵。ベッドリネンもナチュラルカラーで統一。さすがです。

色の使い方が、本当に上手い。トロピカルなフルーツとチョコレート、そんな何でもない要素がテーブルセッティングによって、見事なおもてなしのティーセットに。既成概念にとらわれず､持っている食器を自由に組み合わせることが出来る。それは、普段からそういう暮らし方をしているからこそ出来ることです。

観葉植物を置いて、和みの空間を作っています。それと同時にパーテーション代わりに、スペースを間仕切る役割も兼ねている。ワンスペースを効率良く使うために、こんなアイデアはぜひ真似してみたいものです。家具で間仕切るよりも、植物の方が圧迫感を感じさせないのもメリット。葉の多い植物を選んで。

優しさを持ち暮らす幸せ

人生をより良くするのは
関わり合う人との関係がすべて
だから出会いを何よりも大切に

（左）ユリース・ケテルディスさん、（右）コリーヌ・タルタリーさん。アーティストとインテリアデザイナーのカップルです。ふたりとも自分の仕事に自信を持ち、充実した毎日を送っていることが、側にいて自然と感じられました。人に対するあたたかな気遣い、そしてオープンハート。見習いたい素敵をたくさん持っています。

ユリースさんが内装のデザインを手がけたカフェ。ここに来る人が楽しみながらくつろぐことの出来る、ユニークなアイデアがあちこちに散りばめられています。内装の仕事には、絵画を描くのと同じ、ゼロからの創作の喜びがあると語っていました。

オープンハートでいること

ユリース・ケテルディスさんを紹介してくれたのは、実は後述のパリ在住の日本人アーティスト・森田幸子さんです。「とても素敵な友達がいるから、ぜひ会ってみて」と。カフェで待ち合わせすると、彼はもう先に来て、私たちを待っていてくれました。初対面なのに、懐かしい友達を見つけたときのように、とびきりの笑顔で迎えてくれて、私は、一瞬でユリースさんを好きになりました。森田さんが太鼓判を押すのも納得です。

　ユリースさんの出身はトルコのイスタンブール、けれどパリに来て二十五年。アーティストとして、この地で活動し続けてきた、言わばこの道でも森田さんの先輩になるわけです。森田さんは、彼のアトリエをときどき使わせてもらっているとのこと。このアトリエはユリースさんのパートナー、コリーヌ・タルタリーさんも仕事場として使っています。何のためらいもなく大切な仕事場を人に提供できる、そういう懐の深さを持っているふたり。初対面の私たちにさえ、このアトリエを開放してくれるかのごとく、まだ何も頼んでいないうちから次々に、さまざまなものを見せてくれ、そしていろいろ教えてくれるのです。

自分たちが築いてきたもの

　何故そんなに親切なの？　そんなことを尋ねると「人と出会うことは、最も大切なことだもの。親切なんてことではなくて、お互いに良く知り合えたらとても楽しいし、そのことで今まで知らなかった世界が開けるんだよ。それって素晴らしいことだよね」。子供のような笑顔でユリースさんが答えます。側にいるコリーヌさんも一緒にニコニコしています。

　他人の気持ちを気遣える、本当の大人でありながら、子供のように無邪気でいられる。人との和を大切にしてきた結果が、現在の彼らを築いてきた、と語るふたり。こんな素敵なカップルを見ていると、大袈裟かもしれませんが、人間っていいな、と思えてくるのです。彼らのように、本当の意味で成熟した大人になる。それが私の目標でもあります。

アトリエには、彼らのセンスが光るデコレーションがいたるところに散りばめられています。ベッドのスプリングを利用したクリスマスのデコレーション。その奥に置かれているのはピーター・ブルックの舞台で使用された、ユリースさんの作品。そして壁を埋め尽くす、オリジナリティあふれる作品の数々。どれもこれも素敵。

これもユリースさんの手がけたカフェの内装。古き良き時代のパリの面影をそのまま生かしたアールヌーヴォー的なイメージ。こういう内装がピッタリはまる、歴史を重ねた建物が多く残っているのもパリの魅力のひとつ。ランプシェードに海のモチーフをプラスするなど、細かなこだわりも彼らしい仕事。

新しい住まいとして購入したアパルトマン。じっくりとふたりで内装に手を入れているから、まだまだ当分住めそうにはない、と笑っていました。ペンキの色にもこだわるコリーヌさんは、部屋ごとにテーマを設けて壁の色を決めています。どの色もとてもシックで美しい。

最近のユリースさんのテーマは「牛」。その理由は、平和や癒しを象徴していると感じているから。一度パリの街中に、自分の牛作品をゲリラ的に飾ったことがあったとか。「許可なしでいろんな場所に飾っちゃったんだよ」と無邪気に笑っていました。彼にとって、平和は最も関心のあるテーマのひとつ。

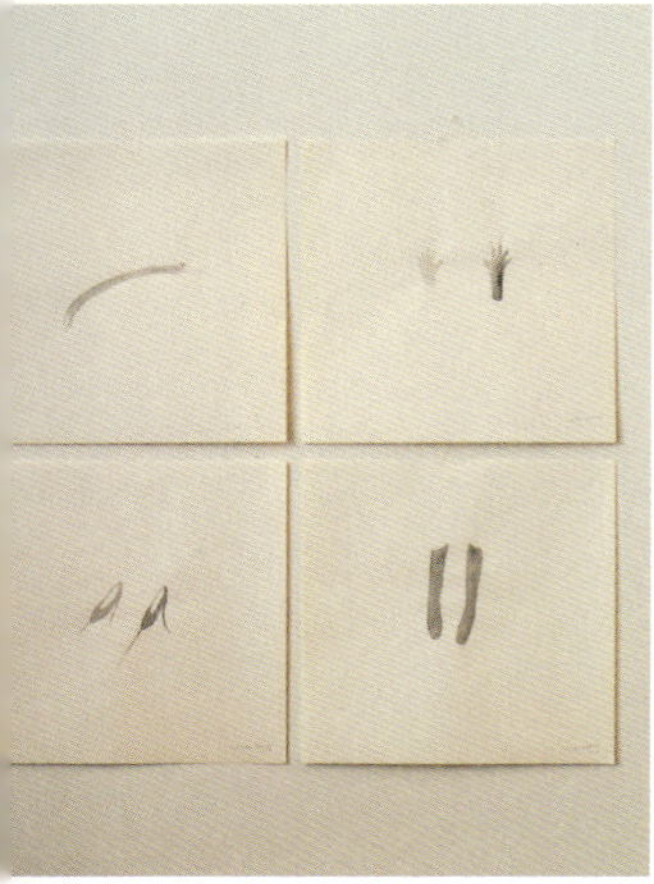

森田幸子さん。武蔵野美術大学を卒業し、ナントにある美術学校でさらに3年間学ぶ。その後、奨学金を得て活動の拠点をパリに移す。アーティストビザを取得している彼女は、現在もパリにてアーティスト活動を続けている。彫刻、写真など、その表現の幅は広い。

写真左上から2番目は、薄い墨で描いたような、モノトーンの水彩画。彫刻を専攻していた彼女らしく、平面の絵画であっても、立体感を感じさせるのがすごい。一筆で描かれたスーッとしたラインにさまざまな表情が存在していて、見ているとなぜか和めてしまうのです。

自分らしくいられる、それがパリ

自分にしか出来ないことを探し
自分らしく生きることを大切に
そのために選んだ場所で暮らす

大切なモノを被写体にした写真を、独特の質感を持った紙にプリントした作品。写真を撮ることだけで完結するのではなく、紙に焼き付けた状態で完成される。大切なモノに対するノスタルジーや、そのモノが持つ特有の可愛さを表現しているように感じられ、森田さんの好きな世界がよく伝わってきます。

志した道を歩くために

森田さんの第一印象は、おとなしくて物静かな女性。特にバリバリ仕事をしたり、自己表現のために積極的に行動する、というような人には見えませんでした。良い意味で受け身というか、流れのなかで自分らしさを発揮する人。そんな印象を持ったのです。でも少しずつ彼女と話していて、その芯の強さを感じはじめました。穏やかだけれど、その歩を決して止めない人。コツコツと一歩ずつでも先を目指している、そういう強さが彼女にあることに気付いたのです。

彼女が志し、積み重ねてきたことはアートという世界での表現。それを続けることがどんなに大変か、想像に難くありません。特に日本においては、創作活動だけで生活していくこと自体が大変です。アーティストであってもどこかで商業的なものとつながっていなければならない、一部の人を除けば、それが現実だと思います。だから彼女は、創作の場をパリに移したのではないでしょうか。

彫刻は、彼女の創作活動のなかでも重要な表現のひとつ。この椅子の彫刻はすごく小さなものだけれど、集合させることで、その存在感が何倍にもなる。実際は手のひらに収まるくらいなのに、ずっと見ていると不思議と大きく感じる作品。使っているブロンズは、とても好きな素材なのだそう。

「日本にいるときは、まわりのことが気になりましたね。自分自身がどうありたいのか、ということよりも、他のことに気を取られることが多かった。こちらに来てからは、そういう意味ではとても自由です。ほんとに個人主義だから、みんなそれぞれで当たり前なんです」と語ります。

豊かさという価値観

何か目標を持ったとき、それをサポートしてくれる環境があるかどうか、それはとても重要なことです。フランスは芸術や個人主義に対しても先進国。この地に数日滞在しているだけでも、それを感じることが出来ます。豊かさという価値観が揺らいでいる昨今、自分らしくいられることが最も豊かである、とストレートに言える人がどれだけいるでしょうか。そんなことを考えないではいられません。

森田さんの生き方は、自分に素直でいること。それは自立している証。そんな強さを秘めている彼女は、他人に対して、とても親切で優しい人です。

ここ何年か、グラフィックデザインも手がけていて、友人の名刺やお店のショップカードなど、その人の個性に合わせて、デザインすることにおもしろさを感じていると話してくれました。素材にする紙やちょっとしたオーナメントにこだわりを感じます。

お菓子作りが趣味の森田さん。この日も日本から持ってきた動物やひょうたんの型を使って、クッキーを焼いてくれました。桜の花が入ったクッキーは、香りも良くてサクッと美味しい。お気に入りの白い皿は「アンティーク・タミゼ」オリジナルのホウロウ皿。

高校の授業でフェルトのことを勉強して以来、ときどきフェルトを使った作品を制作しています。この帽子は、2004年にバスティーユで行われた展示で発表した作品。植物のような芽が出ているのがとてもユニーク。おそろいの手袋（右）のほかにワンピースもあるのだそう。

自作のフェルト作品を身に付けて、ポーズをとる森田さん。実は、このポーズを取ることにとても照れていたのですが、やってみれば、なかなか立派なモデルっぷりです。ヴィンテージのグリーンのコートともよく合っています。服の着こなしがとても上手な人でもあります。

Alsace

アルザス地方

フランスの北東部に位置するアルザス地方は、ドイツと国境を接しているため、街のあちこちでドイツ的な雰囲気を感じます。多様な文化が交わり、独自の生活様式を生み出している魅力的な街で、ここならではのモノと人を訪ねて。

25, rue de Haguenau
67620 Soufflenheim
tel 03 88 86 64 69
http://www.streissel.com

Michel STREISSEL

素朴であたたかな土そのものの魅力
日本の民藝の器にも通じる美を持つ
伝統あるスフレンハイム焼

アルザスの中心的な街ストラスブールから、車でおよそ1時間、まるでグリム童話の世界のようなスフレンハイムの村に到着します。ストラスブールから続く道の両脇には、この村の名産である、スフレンハイム焼のショップが軒を連ねます。そのひとつ「Michel STREISSEL」を訪ねました。ミシェルさんは、今では少なくなってしまった伝統的な製法を守り、作陶している陶工です。彼は伝統的なこの地の窯の構造を独学で学び、2000年にその窯を完成させました。「この窯で焼くと器の表面に灰の跡が残るんだ、機械窯では出せない姿なんだよ」と自信に満ちた笑顔で話してくれます。100年前と同じ作り方、それは型を使わずロクロと手びねりで成形していくというもの。だからひとつずつ形が微妙に違う。職人であることの誇りを、手間のかかる仕事に込める。素朴な器に魂の輝きを与えています。

Bernard Demay 3, rue de l'Ail 67000 Strasbourg
tel 03 88 52 01 21

La Cour Renaissance

アルザス地方の伝統工芸と
この地の人々が愛した日用品を
独自にセレクトしたアンティーク

フランスの底力を見せつけられるのは、この店のように、とびきりのセンスを持つショップが、どの地方にもあるということです。このアンティークショップには、17～18世紀頃のアルザス地方の日用品が集められています。ごく普通の庶民が愛用していた生活の道具には、ケルシュという麻の織物やスフレンハイム焼、それにベッツドルフという陶器に、ブリキの菓子型などもあり、そのどれもが飾らない質素な美しさを持っています。それらを見ると、この地の人々が、当時から高い美意識を持って暮らしていたことを知ることが出来ます。それから、特に目を引くのがアルザス地方の民族衣装であった黒い服。50年くらい前までは、おばあちゃんたちが普段に着ていたトラディショナルな衣装なのだとか。全身黒のコーディネートでも、袖や胸元にレースやピンタックなどがほどこされていて、とてもチャーミング。目立たないけれどおしゃれ、装いの基本を見る気がします。

PLAISIRS D'ALSACE

アルザスのお土産を探すならここ
ケルシュ、ビール、コウノトリグッズ
楽しいスーベニールが大集合

アルザス地方でも一番の賑わいを見せる街、ストラスブール。この街の中心部には、からくり人形が回る天文時計があるストラスブール大聖堂があり、ユネスコの世界遺産にもなっているため、1年中観光客が絶えません。車で1時間ほど走れば、クリスマスの街として有名なカイゼルベルグという、まさにおとぎ話から抜け出たような街があります。その街の教会の塔に、コウノトリが巣を作って住んでいることでも知られています。「PLAISIRS D'ALSACE」には、そんなストラスブール周辺の観光地ならではのお土産も揃っています。特におすすめなのは、やっぱりケルシュ。写真でもご紹介しているアルザスの織物です。麻素材が本来のケルシュですが、最近では綿素材もあり、綿なら価格もリーズナブル。柄はチェックで、色は赤と紺が代表的なケルシュです。それからクリスマスオーナメントもたくさん揃っているから、1年中クリスマスムードが楽しめ、見ているだけでも和めます。

13, rue des Dentelles
67000 Strasbourg
tel 03 88 21 07 93
http://www.plaisirs-alsace.fr

アルザスに暮らす若手アーティスト

共同生活を送りながら
それぞれの創作活動に打ち込む
アーティストたちの暮らし

左から、フローリオン・アーリングさん、カミーユ・シュッピルベルグさん、マリット・カトリネールさん。3人ともガラス、陶芸の専門学校で学び作家として独立している。共同生活に大切なのは、よく話し合うことと、それぞれの領域を侵さないことだそう。素朴で照れ屋の3人は、とても仲良しで微笑ましいのです。

フローリオンは吹きガラス作家。最近では、あらかじめ色付きガラスの種を購入して吹く作家が多いけれど、彼は土や金属を配合して、原料からオリジナルの色ガラスを作っています。これは相当の知識と技術がなければ出来ない仕事。「昔からの伝統的な作り方を大切にしていきたい」と語ってくれました。

思いのままに作る、それができる豊かな環境

フローリオン、カミーユ、マリットの三人は、ストラスブールから車で一時間ほどの村、アルトキッシュで共同生活をしています。彼らの住まいは一軒家。アトリエにしている元小麦粉工場の上に、それぞれの個室とゆったりとしたスペースのLDKがあり、窓からはのどかな田園風景が眺められる、何とも羨ましい環境にあります。

一番年上のフローリオンはガラス作家、カミーユと一番若いマリットは共に陶芸家。田舎に暮らし、自分たちのペースに合った作品作りをしている。こういうことが出来る自由さは、あくせくした日常を送っている私からすると、とても豊かで充実した生活に思えます。もちろん、そこには作家としての葛藤や暮らしの安定性など、抱える不安や問題は当然あるのだろうけれど、日本で同じことをするよりも、何故か余裕が感じられるのはどうしてなんでしょう？

「確かにまったく不安がないわけではないけど、こういう暮らしをしていることが、私には自然なの。表現したいことを、作品を通してしているだけ。作品を何が何でも売らなければいけないという気持ちにはならないし、今の暮らしでも、食べていけているので満足よ。もちろん、作家として向上していくことは大切だと考えているけど」とカミーユ。

自分を持つ、ということ

彼女たちのように、アーティストと呼ばれる人々には、自分たちの個性を最も尊重する生き方が身に付いていると感じます。それはどこの国のアーティストにも共通していることかもしれませんが、フランスでは特に、周囲もそれを尊重していると強く感じるのです。

「個の確立こそ大切」と謳ってきた雑誌『私の部屋』のテーマとは、こういうことだったのかもしれません。三人の穏やかで、それぞれに自立した姿を見ていると、そう思えてきました。自分を信じ、そして自分という個から生まれる何かを大切にする暮らし。それが幸せにつながっているということを。

手びねりで成形することが多い、と言うカミーユの作品。繊細で薄く、マットな質感と、つなぎ目のあるデザインが特徴。これは彼女が学生時代から得意としている作風なのだそう。「器は道具でもあるから、暮らしに寄り添うデザインを心がけているの」としっかりした彼女らしいコメントです。

土そのものの力強さと、現代的な感覚が同居しているマリットの陶器。日本の土瓶からインスピレーションを受けたポットは、ハンドルに注ぎ口が付いているユニークなモノ。「学校を卒業して間もないので、まだ自分らしいコンセプトというものは固まっていません」と言うけれど、クレヨンで描いた斬新な柄は個性的です。

パイン材の古い家具が、何ともいい雰囲気のダイニングキッチン。雑然としていても、選んでいるモノが可愛いので、まとまり感があるのです。リアルに素敵なインテリアは、アーティストならではのアイデアが、部屋のあちこちに散りばめられているから。暮らしそのものを楽しんでいることが伝わってきます。

フランス　旅の後記

何度となく訪れたフランス。最初にも書きましたが、私にとっては特別な国です。その思いを、より深くした今回の旅でした。ときどき、フランスの人々を〝冷たい〟と言う人がいますが、私にはそれは感じられません。個人の生活を大切にしているので、集団で行動したり、みんなで同じことをしたりすることがあまりないことから、そう感じる人が多いのかもしれませんが……。

今回おもしろい光景を目にしました。私たちがパリを訪れた時期は、ちょうどパリコレの時期とも重なって、世界中からモード関係者が集結していたのです。その頃はベロア素材が注目を集めていたシーズンで、関係者の多くはきっとこぞってベロアを着ているに違いない、そう思っていたのですが、ベロアを着ている集団は何と日本人だけでした。その光景を見たとき、複雑な気持ちになりました。みんな真新しい服を着て、とても高価なバッグを持ち、広場を闊歩しているけれど、何だか人形のように見えたのです。

モードのお祭り会場を離れ、普通のパリの人々が行き交う町に行くと、マルシェかごを抱え、子供の手を引き、生き生きと歩くマダムの姿がありまし

FRANCE
Paris, Alsace

た。私は思わず振り返って、見とれていたのです。リアルに自分の人生を生きている人々の姿に。おしゃれさや素敵な暮らし、という言葉の意味をこういうときほど深く考えさせられることはありません。

「私の部屋」を創るとき、前川嘉男氏もパリで、もしかしたら、いいえきっと、そのことを深く考えられたのではないでしょうか？　〝個の確立〟という、私たち日本人が最も不得意とするテーマを見据え、それに役立つ店作りをしようと、パリの住人たちを眺めて心を固められたのではないか、と勝手に推測します。もちろん、フランスだけが素晴らしい、というのではないのです。私たちには、私たちにしかない素晴らしさがあると思います。そのことと、他の文化が持っている素敵さを謙虚に見つめること、その両方をすることが、きっとより良い豊かさにつながる。そんなことをつらつらと凡庸な頭で考えた、フランスでの二週間でした。

ショップリスト

[私の部屋]

直営店

自由が丘店
〒152-0035 東京都目黒区自由が丘 2-9-4 吉田ビル 1F
11：00-19：30／03-3724-8021／不定休

札幌店
〒060-0042 北海道札幌市中央区大通西 3-4-1 地下街オーロラタウン
10：00-20：00／011-218-2878／不定休

銀座店
〒104-0061 東京都中央区銀座 5-2-1 モザイク銀座阪急 3F
10：30-21：00／03-3575-2370／不定休

新宿店
〒160-0022 東京都新宿区新宿 3-38-1 ルミネエスト B2F
10：30-21：30／03-5379-1130／不定休

プログレス（吉祥寺）
〒180-0003 東京都武蔵野市吉祥寺南町 1-1-24 吉祥寺ロンロン 1F
10：00-22：00／0422-28-1421／不定休

新潟店
〒951-8061 新潟県新潟市西堀通 6 西堀 7 番館 1F
10：30-19：30／025-228-5573／不定休

富山店
〒930-0003 富山県富山市桜町 1-1-61 マリエとやま 1F
10：00-20：00／076-444-2340／不定休

名古屋店
〒460-0008 愛知県名古屋市中区栄 3-16-1 松坂屋北館 1F
10：00-20：00／052-264-2978／不定休

大阪店
〒530-8224 大阪府大阪市北区梅田 1-13-13 阪神百貨店 6F
10：00-20：00／06-4798-7677／不定休

フランチャイズショップ

北海道	北見店／0157-61-1603／第 2・3 火曜定休
東北	宮古店／0193-64-1848／無休
	花巻店／0198-22-2098／無休
	仙台店／022-224-0033／無休
関東	前橋店／027-237-1055／無休
	高崎店／027-320-2455／無休
	大宮店／048-648-2610／不定休
	小手指店／04-2925-8710／無休
東京	町田店／042-739-3230／不定休
北陸	金沢店／076-226-3020／不定休
信越	長野店／026-241-6373／木曜定休
	松本店／0263-39-8835／不定休
	伊那店／0265-76-3020／月曜定休
	甲府店／055-231-0629／不定休
中部・東海	静岡店／054-252-0025／第 2・3 水曜定休
	藤枝店／054-644-2528／月曜定休
	豊田店／0565-34-5439／無休
	西尾店／0563-54-3383／火曜定休
	安城店／0566-98-7088／無休
近畿	伊賀上野店／0595-23-7550／木曜定休
中国・四国	広島店／082-247-4541／不定休
	広島三越店／082-241-1600／不定休
	徳山店／0834-22-1124／不定休
	高松店／087-822-9624／月曜定休
九州	黒崎店／093-621-8120／第 1・3 月曜定休
	都城大丸店／0986-21-6182／不定休
沖縄	沖縄店／098-934-2420／無休

[キャトル・セゾン]

直営店

キャトル・セゾン・トキオ
〒152-0035 東京都目黒区自由が丘 2-9-3
11：00-19：30／03-3725-8590／不定休

キャトル・セゾン 札幌
〒060-0042 北海道札幌市中央区大通西 3-4-1 地下街オーロラタウン
10：00-20：00／011-200-3936／不定休

キャトル・セゾン 仙台
〒980-8555 宮城県仙台市青葉区一番町 4-11-1 ファッションドーム 141 1F
10：00-20：00／022-268-8202／不定休

キャトル・セゾン 銀座
〒104-0061 東京都中央区銀座 5-2-1 モザイク銀座阪急 3F
10：30-21：00／03-3575-2371／不定休

キャトル・セゾン 新宿
〒160-0022 東京都新宿区新宿 3-38-1 ルミネエスト B2F
10：30-21：30／03-5379-1140／不定休

キャトル・セゾン イクスピアリ
〒279-8529 千葉県浦安市舞浜 1-4 イクスピアリ 2F
10：00-21：00／047-305-5771／無休

キャトル・セゾン 名古屋
〒460-0008 愛知県名古屋市中区栄 3-16-1 松坂屋北館 1 F
10：00-20：00／052-264-2985／不定休

キャトル・セゾン 京都
〒600-8001 京都府京都市下京区四条通河原町東入真町 68 四条河原町阪急 4F
11：00-20：00／075-213-3668／不定休

キャトル・セゾン 大阪
〒530-8224 大阪府大阪市北区梅田 1-13-13 阪神百貨店 6F
10：00-20：00／06-4798-7676／不定休

キャトル・セゾン なんば
〒556-0011 大阪府大阪市浪速区難波中 2-10-70 なんばパークス 3F
11：00-21：00／06-6644-3088／不定休

キャトル・セゾン・プラン
〒530-0001 大阪府大阪市北区梅田 1 丁目 ディアモール大阪
10：00-21：00／06-6348-4628／不定休

キャトル・セゾン 神戸
〒650-0021 兵庫県神戸市中央区三宮町 3-1-4 永田良介商店 1F
11：00-20：30／078-333-7812／不定休

キャトル・セゾン 福岡
〒810-0001 福岡県福岡市中央区天神 2-1-1 福岡三越 B1 F
10：00-20：00／092-726-6172／不定休

キャトル・セゾン 小倉
〒802-8511 福岡県北九州市小倉北区船場町 1-1 小倉井筒屋本館 6F
10：00-20：00／093-522-2282／不定休

カフェ・キャトル
〒650-0021 兵庫県神戸市中央区三宮町 3-1-4 永田良介商店 2F
11：00-20：30／078-333-7812／不定休

フランチャイズショップ

東京	キャトル・セゾン 町田／042-739-3231／不定休

直営店

ミュゼ・イマジネール
〒106-0032 東京都港区六本木 6-10-1 六本木ヒルズヒルサイド B2F
11：00-21：00／03-5775-2688／無休

上記は 2006 年 5 月 1 日現在のものです。住所・電話番号など変更になることがございます。予めご了承ください。また移転・閉店の場合もありますので、ご確認の上、お出かけください。

本書掲載の商品価格は 2006 年 5 月 1 日現在の消費税込みの価格です。●本価格は予告なしに変更されることがございます。●本書の印刷の都合により、商品の実物と色、素材感が異なって見えることがございます。●製造上の都合により本書掲載の商品と実際の商品の色、形、大きさが異なるものもございます。●商品の改良の為、予告なしに仕様、外観を変更することがございます。●商品によりましては季節商品、限定販売の商品もございます。●本書掲載商品で価格掲載のないもの、または本書掲載商品に関するお問い合わせ、「私の部屋」へのご意見など左記までご連絡ください。

「私の部屋」の歩み

西暦	月	私の部屋	キャトル・セゾン
1968			パリにキャトル・セゾンがオープン
1972	3	雑誌『私の部屋』が創刊 雑誌掲載品の通信販売を開始 また店舗化を進める	
1972	12	新潟市に1号店「私の部屋新潟店」オープン	
1973	5	（株）私の部屋を設立	
	8	フランチャイズ展開をスタート	
1976	15	（株）私の部屋リビングに社名変更	
1982	1	目黒区自由が丘に「私の部屋自由が丘店」オープン	
1987	9		自由が丘に日本1号店「キャトル・セゾン・トキオ」オープン
1988	10		神戸三宮に「キャトル・セゾン 神戸」オープン
1991	8	「私の部屋新潟店」リニューアルオープン	
1992	6	「私の部屋自由が丘店」リニューアルオープン	
	10		京都河原町阪急に「キャトル・セゾン 京都」オープン
1995	4		阪神淡路震災後、「キャトル・セゾン 神戸」が神戸元町に移転、 リニューアルオープン
	9	銀座数寄屋橋阪急に「私の部屋銀座店」オープン	「キャトル・セゾン 銀座」オープン
1996	5	明治記念館にて「私の部屋 25 周年記念パーティー」	
1997	3		「キャトル・セゾン 神戸」神戸大丸のグランドオープンに伴い、 移転、リニューアルオープン
	8	「私の部屋銀座店」増床リニューアルオープン 名古屋市松坂屋に「私の部屋名古屋店」オープン	「キャトル・セゾン 名古屋」オープン
	10		福岡三越に「キャトル・セゾン 福岡」オープン
1998	6	富山市に「私の部屋富山店」オープン	
	8		大阪心斎橋に「キャトル・セゾン 心斎橋」オープン
	9		北九州市小倉に「キャトル・セゾン 小倉」オープン
1999	4		大阪梅田に「キャトル・セゾン 梅田」オープン
	8	「私の部屋銀座店」リニューアルオープン	「キャトル・セゾン 銀座」リニューアルオープン
2000	5		「キャトル・セゾン・トキオ」リニューアルオープン
	7	札幌市中央区地下街オーロラタウンに 「私の部屋札幌店」オープン	千葉県舞浜に「キャトル・セゾン イクスピアリ」オープン
	9	「私の部屋自由が丘店」リニューアルオープン	
	10		札幌市中央区地下街オーロラタウンに「キャトル・セゾン 札幌」オープン
2001	3	大阪市梅田阪神百貨店に「私の部屋大阪店」、 東京吉祥寺駅ビルロンロン 1F に 「私の部屋プログレス」を、それぞれオープン。	大阪市梅田阪神百貨店に「キャトル・セゾン 大阪」オープン
	11		「キャトル・セゾン 神戸」移転、同時に 2F で「カフェ・キャトル」をオープン
2003	4	東京・六本木ヒルズに 新業態ショップ「ミュゼ・イマジネール」オープン	
	9		仙台市に「キャトル・セゾン 仙台」オープン
2004	1	「私の部屋富山店」富山駅前ビルマリエとやま 1F に移転、 リニューアルオープン	
	2		「キャトル・セゾン 福岡」福岡三越 B1F に移転、リニューアルオープン
	10	東京・新宿駅ルミネエスト B2F に 「私の部屋新宿店」オープン 「私の部屋銀座店」モザイク銀座阪急 3F に リニューアルオープン	東京・新宿駅ルミネエスト B2F に「キャトル・セゾン 新宿」オープン 「キャトル・セゾン 銀座」モザイク銀座阪急 3F に移転、 リニューアルオープン
2005	8		「キャトル・セゾン 仙台」ファッションドーム 141 1F に移転、 リニューアルオープン
	9		「キャトル・セゾン 京都」四条河原町阪急 4F に移転、リニューアルオープン
2006	2	「私の部屋名古屋店」リニューアルオープン	「キャトル・セゾン 名古屋」リニューアルオープン 大阪・難波なんばパークス 3F に「キャトル・セゾン なんば」オープン
		「私の部屋」現在直営店 9 店舗、FC 店 27 店舗、新業態 ショップ「ミュゼ・イマジネール」1 店舗にて展開	「キャトル・セゾン」現在国内 16 店舗（カフェ含む）にて展開

（株）私の部屋リビング／商品チーム
〒152-8905 東京都目黒区自由が丘 1-24-17 アルテリーベビル 2F　TEL 03-3724-8024　FAX 03-3724-8025
電話受付時間　月～金 11：00－18：00　土・日・祝日休
E-mail：WH@watashinoheya.co.jp　URL：http://www.watashinoheya.co.jp

キャトル・セゾンに関するお問い合わせ先：（株）私の部屋リビング／キャトル・セゾン
TEL 03-3724-8288　FAX 03-3724-8025
電話受付時間　月～金 11：00－18：00　土・日・祝日休　URL：http://www.quatresaisons.co.jp

FAMILY BOUTIQUE 私の部屋　une nouvelle vie en famille quatre saisons　musée imaginaire

コラム

「私の部屋」と僕との長い関係

宇野正道

僕が「私の部屋」で仕事を始めたのは、四年間の大学生活を終えようとしていた一九七五年の秋の事だった。大学の卒業も決まり、就職活動はしていたものの、六十年代の闘争を傍目で見てきた〈遅れて来た世代〉に共通する喪失感や無力感のせいだったのか――、それとも勉強もほっぽり出してバンド活動にウツツを抜かしていたせいだったのか――、一般企業に就職し、そこで一生働く気はさらさら無かったし、そこが現実の社会に入る入口には思えなかった。とは言っても、一人で生きていく力量も無いことは分っていたし、生活していくにはどうしたら良いかと思い悩んでいた時期だった。

そんなある日、大学近くの書店で、偶然に雑誌『私の部屋』を見つけた。建築雑誌と女性雑誌の二つのコーナーに、どちらにも属することはなく所在なさそうに置かれていた。〃面白いタイトルの雑誌だなぁ〃と思い、何気なくページをめくってみると、既存の建築誌でもなく、流行を取り上げたファション誌でもない、今までにない新しいジャンルの雑誌に思えた。そこには、〃工夫に満ちたインテリアの提案〃や〃既成の概念に捕らわれない自由な生活を送っている人たち〃の情報が溢れていた。今でこそ、インテリアを取り上げ、暮らしを提案する雑誌は数多く出版されているが、その当時は、そんな内容の雑誌はなかった。

早速一冊購入し、これ程までに面白い世界があるのかと、引きずり込まれるように一気に読んだ。そして巻末近くのページに、紙面で紹介されている商品を、〃ファミリーブティック「私の部屋」〃という店名を掲げて販売していることを知った。自分の将来が、パァッと開けた思いがした。〃僕の仕事はこれだ！〃と、居ても立ってもいられず、雑誌に記載されていたオフィスの番号に電話をし、押し掛けるようにして面接をしてもらい、運良く就職が決まった。社会人として新しい世界に飛び込むと同時に、「私の部屋」と僕との長い関係がはじまることとなった……。

当時のオフィスは、地下鉄丸ノ内線の本郷三丁目駅に程近い、小さなビルの一室で十人にも満たない少ないスタッフで、全国にある店舗の運営業務などを行っていた。どうしても早く仕事をしたかったので、授業のない日は、アルバイトとして会社に出向き商品の出荷作業や雑務を手伝っていた。まだ学生生活との掛け持ちで、社会人としては半人前であったが、毎日が楽しかった。

年も明けたある日、〃ファミリーブティック「私の部屋」〃の創業者で、その当時の社長である前川嘉男に初めて会った。仕立ての良いスーツにフェルト素材のソフトハットを被り、お洒落な英国紳士を思わせる出で立ちであった。当時から、新潟に別会社を経営していたこともあり、毎週のように新潟と東京をクルマで往復していた。ジウジアーロデザインのいすゞ117クーペを乗りこなしていた。

僕の就職を決めたのは他の役員だったので、社長に会うのはこの時が初めてであった。緊張しながらも自己紹介を済ませた。ついでに、卒業旅行で訪れたアメリカ西海岸の街の様子を伝えた。すると「僕の好きな本屋はねぇ……」と、サンフランシスコのコロンブス通りにある書店「シティ・ライツ・ブックス」のことを、通い慣れた近所の本屋のように詳しく語られ、話はビートの詩人アレン・ギンズバーグにまで及んだ。僕も調子に乗り「ウィンターランド」でリトル・フィートのライブを観た話をすると、創設者のビル・グレアムの裏話をしてくれたり……と、話は止まることを知らない面白さだった。僕は、前川嘉男のユーモアを交えた大らかな人柄と、知性的な魅力に一気に惹かれた。

〃理想の会社に入れたなぁ〃と内心は喜んではみたものの、仕事の方は、創業から間もないこともあり、いろいろな意味で大変だった……。これからの経営基盤を、雑誌の通信販売から全国の店舗展開へと変える時期にきていて、事業の改革を行っていたところだった。商品開発・在庫管理・物流・販売体制など、いろいろと綻びを補いつつの運営の日々が続いた。

僕の仕事も、直営店での販売業務から、全国にあるフランチャイズショップの運営管理なども行い、新店舗の契約が決まればオープンの準備をするなど、慌ただしい日々が続いた。その内に、商品企画がやりたくなり、大橋歩さんにデザインしていただいた〝千代紙〟で小箱を作った。細工物を得意とする下町の職人を探し出し、必死な思いで商品化を進めた。それが認められ、その後しばらくは、商品企画も担当することとなった。

仕事に追われる日々が過ぎていた……。ある時、仕入業者と商談中に自由が丘に空き店舗があるとの噂を聞いた。何か直感めいたものを感じ、早速、自由が丘に出向いたところ、商店街から一筋入った裏路地にその物件はあった。ぜひここに「私の部屋」を出したいと思い、後先考えずに社長に話したところ、早速、自由が丘に向かい、あっという間に出店を決めた。今だから話せるが、当時は決して資金的に余裕は無く、社長にとっても思い切った決断だったと思う。僕も当時のスタッフも覚悟を決め、自由が丘店の販売業務に全力を尽くした。一九八二年のことだ。ここから「私の部屋」の第二の歴史がはじまった。開店当初は、苦労も多かったが、徐々に自由が丘や近隣のお客様にご来店いただくようになり、売上も安定すると共に、お客様からいただいたご意見を、商品構成の充実や接客の質の向上に繋げることが出来るようになった。今でも、当時からのお客様にお会いする度に感謝の念でいっぱいだ。

おかげ様で〝ファミリーブティック「私の部屋」〟も、来年三十五周年を迎えようとしているが、創業からの理念は今も変わらない。――地域の生活者の日々の暮らしをより豊かな喜びで満たすこと――生活者の暮らしに対する意識が更に深まろうとする今日だからこそ、重要な企業姿勢ではないかと、心に強く思っている。詰まるところ「私の部屋」は、前川嘉男の理念に見守られながら日々業務を行い、その思いを情熱をもってお客様に伝える店に他ならないのだ。

ある日、自由が丘店に立ち寄ると、買物をされた一人のご婦人に呼び止められた。

「おたくの社長さんはお元気でしょうか？」「はい、既に会長職からも退き、もう一つの仕事でありますフランス文学の研究に勤しんでいます。もし、お言付けがあれば承りますが……」「いいえ、以前このお店で買い物した際、何度か接客していただき懐かしかったもので、ついついお聞きしただけです。お元気でしたら何よりです。くれぐれも宜しくお伝えください」とお名前も名乗らず、お買い物袋を片手に持って、嬉しそうにして帰られた。

僕は、店を出られたお客様の後ろ姿を、見えなくなるまでお見送りした。

心がほのかにあたたかくなるのを感じた。

［うの・まさみち／
㈱私の部屋リビング取締役副社長］

「私の部屋」自由が丘店

おわりに

『Basic Life』は、日々の暮らしを大切にしたい、と願う人たちに向けて二〇〇〇年にスタートしたシリーズです。あたたかな読者の方々に支えられて、この本で四冊目を迎えることとなりました。

私にとっての『Basic Life』はこの期間、「私の部屋リビング」という会社によって、自由に、好きなスタイルで、提案したいことを発表することを許していただいた表現の場でした。これは、私の立場を考えてみれば、嘘みたいに贅沢なことです。この会社の予想を上回る懐の深さ、理解の深さは、いったいどこから来るのだろう？　いつもそんなふうに思いながら、ズルズルとそのご厚意に甘えてばかりの日々でした。

でも、シリーズの回を重ねるごとに気付いたことがあるのです。それは、自分が発見したつもりで発表したり、提案したりしてみようと考えたもの事は、結局すでに「私の部屋」という世界にすべて存在していた、という事実です。私はその大きな掌のなかで、ただのびのびと自由に泳がせてもらっていたに過ぎなかった。今さらながら、感謝するばかりです。とてもたくさんのことを学ぶことができました。

こんなわがままで、贅沢な企画をいつも受け入れてくださっていた背景には、前会長である前川嘉男氏の思想があります。商人であり、文学者であることの絶妙なバランス感覚、そして何よりも暮らしにまつわるもの事と、出版に対する情熱がバックボーンにありました。それはとても大きな愛。それがこの会社にあるからこそ、ちっぽけな私の志も、大きな器で包んでくれたのだと思います。

私のなかで『Basic Life』という形での本作りは、今回で一応の完結を迎えました。このことも勝手に決めさせていただいた、ひとりよがりの結末です。でも、今後もきっと「私の部屋」にお世話になることは、図々しい私にとって明らかなのですが……。

最後に、今まで『Basic Life』に関わってくださったみなさん、本当にありがとうございました。そして、何より応援してくださった読者のみなさん、ありがとうございます。また、いつか会える日を楽しみに。

小澤典代

取材・文・スタイリング

小澤典代　おざわのりよ

インテリアスタイリスト。『雑貨カタログ』『プラス１リビング』などの女性誌、インテリア雑誌で活躍。「今」の空気感と個々のライフスタイルを大切にしたスタイリングを提案する。ベーシックな中に美しさと可愛らしさを取り入れたスタイリングにはファンも多い。最近では韓国の文化や生活にも興味を持っている。著書に『静かな空気の流れる部屋』『ふたりらしさを見つけるウエディング・スタイルブック』『Basic Life』『それぞれの暮らし、まいにちの暮らし Basic Life 2』（メディアファクトリー）、『人がつなぐ暮らし、手が伝える大切なこと Basic Life 3』『フウチ １～４』（アノニマ・スタジオ）ほか。

staff

撮影	森隆志
企画構成	（株）私の部屋リビング＋小澤典代
イラスト	牧野伊三夫
ブックデザイン	辻祥江（ea）
編集	丹治史彦、島村真理子（アノニマ・スタジオ）
校正	髙柳涼子
フランス取材協力	谷あきら（オルネ ド フォイユ）、森田幸子、 Stéphane Duval（LE LEZARD NOIR 黒蜥蜴）

special thanks

宇野正道・柿沼奈保子・八木洋子・小澤陽子・長松佐和子・小倉淳子・松田恭子（私の部屋リビング）

Basic Life 4
自分らしく暮らす豊かさを──「私の部屋」が伝えてきたこと

発行日　2006 年 6 月 12 日　初版第一刷発行

著　者　小澤典代

発行者　前田哲次
編集人　丹治史彦
発行所　アノニマ・スタジオ
〒107-0062 東京都港区南青山 4-27-19-1 号室
tel 03-5778-9234　fax 03-5778-6456

発売元　KTC 中央出版株式会社
〒 107-0062 東京都港区南青山 6-1-6-201 号室

印刷・製本　日本写真印刷株式会社

ISBN4-87758-631-8 C2076 ©2006 Printed in Japan

アノニマ・スタジオは、

風や光のささやきに耳をすまし、
暮らしの中の小さな発見を大切にひろい集め、
日々ささやかなよろこびを見つける人と一緒に
本を作ってゆくスタジオです。
遠くに住む友人から届いた手紙のように、
何度も手にとって読みかえしたくなる本、
その本があるだけで、
自分の部屋があたたかく輝いて思えるような本を。

anonima st.